Copyright © The Trustees of Anthony Fleming (deceased), 1941
Copyright da edição brasileira © 2015 É Realizações
Título original: *The mind of the maker*

Editor
Edson Manoel de Oliveira Filho

Produção editorial, capa e projeto gráfico
É Realizações Editora

Diagramação
Fernando Moser

Preparação de texto
Clarice Lima

Revisão
Lizete Mercadante Machado e Liliana Cruz

Reservados todos os direitos desta obra. Proibida toda e qualquer reprodução desta edição por qualquer meio ou forma, seja ela eletrônica ou mecânica, fotocópia, gravação ou qualquer outro meio de reprodução, sem permissão expressa do editor.

CIP - BRASIL. CATALOGAÇÃO NA FONTE
SINDICATO NACIONAL DOS EDITORES DE LIVROS, RJ

S284m

Sayers, Dorothy L.
  A mente do criador / Dorothy L. Sayers ; tradução Gabriele Greggersen ; apresentação Madeleine L'Engle. - 1. ed. - São Paulo : É Realizações, 2015.
  192 p. ; 23 cm.   (Crítica, história e teoria da literatura)

  Tradução de: The mind of the maker
  ISBN 978-85-8033-220-9

  1. Criação (Doutrina bíblica). 2. Homem (Teologia). I. Título. II. Série.

15-27481

CDD: 231.765
CDU: 231.51

21/10/2015 22/10/2015

É Realizações Editora, Livraria e Distribuidora Ltda.
Rua França Pinto, 498 · São Paulo SP · 04016-002
Caixa Postal: 45321 · 04010-970 · Telefax: (5511) 5572 5363
atendimento@erealizacoes.com.br · www.erealizacoes.com.br

Este livro foi impresso pela Edições Loyola em dezembro de 2015. Os tipos são da família Sabon Light Std e Trajan Pro. O papel do miolo é Off White Norbrite 66g, e o da capa, cartão ningbo star 250g.

DOROTHY L. SAYERS

A Mente do Criador

TRADUÇÃO DE
GABRIELE GREGGERSEN

APRESENTAÇÃO
MADELEINE L'ENGLE

SUMÁRIO

Nota da Tradutora 7

Apresentação
Madeleine L'Engle 9

Prefácio 19

Capítulo 1 | As "Leis" da Natureza e da Opinião 27

Capítulo 2 | A Imagem de Deus 39

Capítulo 3 | Ideia, Energia, Poder 47

Capítulo 4 | A Energia Revelada na Criação 57

Capítulo 5 | Livre-arbítrio e Milagre 67

Capítulo 6 | A Energia Encarnada na Autoexpressão 85

Capítulo 7 | Criador de Todas as Coisas – Criador do Mal 91

Capítulo 8 | Pentecoste 101

Capítulo 9 | O Amor da Criatura 113

Capítulo 10 | Desigualdades na Trindade 129

Capítulo 11 | Problematização 153

Postscriptum: O Valor do Trabalho 181

Apêndice 189

Nota da Tradutora

Dorothy L. Sayers, mais conhecida por seus romances policiais e peças de teatro com conteúdo religioso, apresenta-se em *A Mente do Criador* como perspicaz teóloga, ainda que não fosse uma apologista, como ela mesma confessa no prólogo. É importante notar que teólogos do calibre de Karl Barth não apenas admiravam a obra de Sayers mas também traduziram alguns de seus escritos para a língua vernácula, no caso a alemã.

Por outro lado, a verdade é que o leitor que busca nesta obra razões para a sua fé ou argumentos para a conversão ao cristianismo irá se decepcionar, pois a autora trata de *implicações* da fé e não de suas condições na obra de criação do artista, girando em torno do exercício da criatividade.

Como estratégia para essa reflexão, ela usa a ideia de trindade aplicada ao criador humano, partindo dos seguintes pressupostos claramente assumidos: a natureza e o ser humano foram criados por Deus. A diferença do ser humano é que ele foi criado à imagem e semelhança de Deus, ao contrário do restante da natureza criada.

Sayers tira todas as implicações dessas ideias essenciais: de que, à semelhança de Deus, o homem siga a estrutura tripla da trindade divina, sendo um e três ao mesmo tempo. Ele é também, por excelência, *Homo Creator*, ou seja, ele é criativo, muito antes de ser *Homo Sapiens*. Ele é *Homo Ludens*, antes de ser racional.

A criatividade não é nenhum luxo reservado a uma elite ociosa; é uma necessidade básica, como aquelas dos órgãos dos sentidos. C. S. Lewis, que foi grande amigo de Sayers e que a convidou para dar palestras em seu Clube Socrático, dizia que, enquanto a razão é o órgão da verdade, a imaginação é o órgão do sentido. Ou seja, uma não vive sem a outra na busca do homem por respostas para os seus dilemas.

Um dos temas comuns a Sayers e Lewis é a ideia de lei natural, tão profundamente discutida por Lewis em seu clássico *Cristianismo Puro e Simples*, escrito, por sinal, depois do lançamento desta obra de Sayers. E a obra diz que a "criaturalidade" humana e da natureza é o elemento-chave para entender até mesmo esse conceito.

E, como imagem e semelhança de Deus, a trindade também veio como herança no "pacote" do ser humano. Ele é Ideia, é Energia e é Poder, não necessariamente nessa ordem, porque ele é essas três coisas ao mesmo tempo. Ele é eternidade, interpretação criativa, como o Pai; ele é Logos e forma criativa, como o Filho; e é poder criativo e dom, como o Espírito.

Sayers aplica a ideia de trindade a um texto considerando-o, *como foi pensado* e projetado pela Ideia, ou Pai; *como foi escrito* pela consciência e expresso ou manifesto materialmente, ou Filho; e do texto *como foi lido* ou inspirado para se revelar, ou Espírito.

Em suma, a trindade não pode ser observada apenas nas pessoas em geral (que também poderiam ser classificadas entre as que focam mais em alguma das três pessoas da trindade, mas esse aspecto a autora não explora), mas também no estilo dos escritores e artistas e nas obras de suas mãos.

E a obra do bom artista tem duas características inalienáveis e inseparáveis: a de ser integral, ou seja, de envolver a trindade da mente do criador e a de ser resultante de um poderoso ato de amor, conceito esse que sintetiza em si toda a ideia de trindade.

Outra discussão digna de nota e, de novo, intensamente relacionada à obra-prima de Lewis, está no tratamento dado pela autora à questão filosófica e teológica do mal, que retoma a argumentação dos antigos e medievais, mas a coloca sob uma perspectiva completamente nova e brilhante.

Note-se ainda que, ao longo do texto, o leitor irá encontrar várias referências livres à Bíblia, que não fomos pesquisar por se tratar de textos bastante conhecidos, mesmo em meios não cristãos, e por serem inúmeras, como se poderia esperar de uma obra sobre o tema escolhido. Considerei a estrutura das próprias paráfrases importante para o sentido que a autora queria dar a elas no contexto em que foram citadas. Então, tentei reproduzir ao máximo as palavras da autora, principalmente onde a passagem bíblica não é mencionada.

O leitor também há de estranhar a forma de referência da autora aos livros citados, que é tão pouco convencional, homogênea ou completa. Mas queremos lembrar que a obra foi escrita perto do fim da Segunda Guerra Mundial, o que tornava o acesso a bibliotecas um desafio, e os autores tinham de se valer em grande parte de sua própria memória.

Desejo a todos uma magnífica, consciente e inspiradora leitura!

Apresentação

POR MADELEINE L'ENGLE[1]

Em seu prefácio a *A Mente do Criador,* Dorothy Sayers lamenta a inabilidade para a leitura por parte do público em geral. Esse analfabetismo funcional vem da falta de atenção para com as palavras e seu real significado. Pode-se acrescentar a isso que a causa dessa falta de compreensão é o fato de que os leitores invariavelmente impõem seus próprios preconceitos e questões ao que estão lendo. Sempre que o crítico se refere a uma declaração de Dorothy Sayers sobre doutrina eclesiástica como alguma confissão de fé pessoal da autora, isso se deve ao fato de ele a estar lendo à luz de sua própria fé pessoal ou da falta dela. Lamentável, mas inevitável.

Minha leitura de *A Mente do Criador* é a de uma mulher que passou a vida escrevendo, por isso será feita com base em todos os reflexos condicionados construídos ao longo dos anos pelo hábito e pela disciplina da narrativa, não importa quão objetiva eu tente ser. Se eu fosse uma cirurgiã ou um contador atuante na esfera pública, teria uma leitura diferente do texto.

Li esse livro pela primeira vez há muitos anos e o fiz com muito prazer. Abordei-o de forma um pouco diferente, por causa da minha decepção com *O que é Arte?* de Tolstói. Em meu fervor juvenil, esperava que ele respondesse a todas as minhas perguntas sobre a arte, o que, claro, ele não fez. Nem Dorothy Sayers. Ninguém pode fazê-lo – graças a Deus! Mas Sayers nos dá um vislumbre maravilhoso do modo trinitário de entender a criatividade.

Ela nos lembra de que as declarações contidas nos credos "são teológicas – o que significa que elas pretendem ser declarações de fato sobre a natureza de Deus e do universo".

Os credos não surgiram porque os padres da Igreja eram ávidos por forçar os limites da linguagem para expressar sua crença na natureza de

---

[1] Madeleine L'Engle (1918-2007) é uma escritora americana que publicou mais de 50 títulos, incluindo fantasia, poesia, ensaios e biografia. Recebeu o prêmio Newbery pela obra *Uma Dobra no Tempo* – primeiro volume da trilogia Viajantes no Tempo. Os demais volumes da série são *Um Vento na Porta* e *Um Planeta em Seu Giro Veloz*, publicados no Brasil pela editora Rocco. Suas obras refletem tanto sua fé cristã quanto seu grande interesse pela ciência moderna (N. E.).

Deus, mas o fizeram para combater as heresias, que eram declarações que distorciam a verdade sobre a natureza do Criador.

A Sra. Sayers alega que "este livro não prova nada quanto às minhas opiniões religiosas pessoais, pelo simples fato de que elas nem sequer são mencionadas". Elas não têm de ser mencionadas de forma visível, e boa parte do prazer conferido por este livro é a vitalidade da mente da escritora e sua compreensão elucidativa da criatividade humana (incluindo a sua própria) tomando em consideração a Trindade como demonstrada nos credos. Não creio que este livro pudesse ter sido escrito por alguém que não fosse um cristão totalmente comprometido.

Ela cita Santo Tomás de Aquino, na *Suma Contra os Gentios*, como aquele que disse: "O que se diz de Deus e de outras coisas não são afirmações feitas de forma unívoca nem equívoca, mas de forma analógica". Até certo ponto essa visão analógica felizmente contradiz os credos tidos como meras declarações de fato; a sua verdade é superior e está além do literalismo do fato.

Dorothy Sayers busca essa forma analógica de pensar quando escreve: "Parece que a característica comum a Deus e ao homem é... o desejo e a capacidade de fazer coisas".

A "experiência universal", diz Sayers, demonstra "que a obra de arte não tem existência para além da sua transposição em forma material". Com certeza, essa tem sido a minha experiência e a experiência de outros artistas com os quais já conversei. Não é só que a obra de arte exista em nossa própria imaginação antes de ser transformada em uma história, uma escultura, uma sinfonia, mas que ela existe mesmo antes de despertar nossa imaginação e, portanto, parte do trabalho de "produção" do artista é a realização tangível dessa obra.

A criação *ex nihil* por Deus foi assim expressa por Berdiaev: "Deus criou o mundo pela imaginação".

Sayers prossegue citando Agostinho: "Nenhum conceito da trindade na unidade em si apresenta qualquer dificuldade insuperável para a imaginação humana". Não. É invariavelmente o excesso de literalismo e de definição que causa confusão.

Na arte, a Trindade se expressa pela Ideia Criativa, a Energia Criativa e o Poder Criativo – a primeira é a ideia da obra; depois, vem a sua encarnação; e, em terceiro lugar, o sentido da obra.

Quando me perguntam quanto tempo levo para escrever um livro, a resposta é trinitária: (1) desde que começo a colocar as palavras no papel de fato; (2) desde que a ideia do livro me sobrévem pela primeira vez; (3) desde que nasci, antes que pudesse ter consciência real de qualquer livro em particular. As ideias e metáforas para um livro começam muito antes de estarmos realmente conscientes delas.

Um escritor poderia até dizer: "Meu livro está pronto, só tenho de escrevê-lo". As obras de Mozart estavam completas na sua mente antes de ele registrá-las em notações musicais. Mas a obra tem de ser acabada para se tornar real. O que é concebido na imaginação tem de ser trazido à existência, ser manifestado.

Mesmo que o livro esteja "todo aí", a escrita, a Energia Criativa, é o trabalho, e o Poder Criativo "de uma obra imaginativa demanda certa diversidade dentro de sua unidade; quanto maior a diversidade, mais compacta a unidade". Uma balada é menos complexa que um concerto de Bach, e sua unidade é menos compacta.

Quando conhecemos uma obra de arte, maior ou menor, aprendemos alguma coisa sobre o seu criador. Mas Sayers adverte que seria um grande erro pensar que sabemos *tudo* sobre o criador. Ficamos sabendo algo sobre Dostoiévski com base na profundidade de seus escritos, mas Dostoiévski é muito mais do que a soma de todas as suas obras. Quando eu estava na *high school* [ensino médio], tive o privilégio de ouvir Rachmaninoff em um concerto com seu repertório. Meus ouvidos se encheram com uma energia rica em paixão, mas Rachmaninoff se encontrava sentado absolutamente rígido, de cara fechada, imóvel, a não ser pelo movimento dos dedos no teclado, e eu tive um vislumbre do milagre da criatividade. O mesmo ocorre com Deus. Temos um vislumbre da natureza do Criador no que foi feito por ele, mas o mistério permanece.

No início do capítulo "Livre-arbítrio e Milagre", Dorothy Sayers cita dois autores bem similares: Nikolai Berdiaev e W. Somerset Maugham.

Berdiaev: "Deus criou o homem à sua própria imagem e semelhança, isto é, Ele o tornou igualmente um criador, chamando-o para uma atuação livre espontânea e não para a submissão externa ao Seu poder. A criatividade livre é uma resposta da criatura ao grande chamado do seu Criador. A obra criativa do homem é a realização do desejo secreto do Criador".

E Maugham: "Enquanto não for posto no papel, um personagem na cabeça do escritor limita-se a ser uma possessão; seus pensamentos recorrem a ele constantemente e, à medida que sua imaginação gradualmente o enriquece, ele desfruta do prazer singular de sentir-se como se houvesse alguém vivendo uma vida multifacetada e vibrante em sua mente, obedecendo à sua fantasia, mas, ainda sim, de uma forma estranha e obstinadamente independente dela".

Os pensamentos desses dois homens influenciaram o livro de forma positiva. O mistério do livre-arbítrio jamais poderá ser explicado pela criatura humana. Berdiaev insistia que Deus valoriza tanto o fato de termos livre-arbítrio que o Criador *escolhe* não conhecer o futuro, e não escreverá o fim da história antes de a termos vivido. Nossa vocação humana é ser cocriadores com Deus.

A maioria dos artistas insiste igualmente no livre-arbítrio de sua obra. Ainda estou para encontrar um autor que não ficasse surpreso com as ações ou os discursos de vários personagens, e quanto mais o livre-arbítrio do personagem imaginário é respeitado, mais viva tende a ficar a obra. Quando o escritor permite o livre-arbítrio do personagem, isso é uma metáfora para o respeito que Deus tem pelo nosso próprio livre-arbítrio.

Se o artista está disposto e é capaz de conceder aos personagens a sua autonomia, isto significa que o criador serviu e amou verdadeiramente a criação, e então, como Dorothy Sayers destaca, o escritor "se dará conta de que o seu serviço é perfeitamente livre". O serviço da criação envolve honrá-la, e isso significa que o artista precisa trabalhar a pintura, a escrita ou a composição musical de forma disciplinada. O maior violinista em potencial não passará de potencial enquanto não praticar violino horas e horas, dias a fio.

Quando a vida está particularmente difícil, ou ocorre alguma tragédia grave e consequentemente desejamos que Deus interfira, manipule e modifique o que está em curso, em detrimento das consequências visíveis de nosso livre-arbítrio, tudo o que temos de fazer é ler um romance de um autor que é um manipulador, que controla os personagens, que lhes nega a liberdade, para nos darmos conta de que (não importa quão terrível a vida possa ser de vez em quando) não desejamos um Deus ditatorial.

Para Dorothy Sayers, a vida de Jesus é a autobiografia de Deus, mas "embora seja uma revelação verdadeira, é uma revelação parcial: ela incorpora apenas aquela medida da mente que a matéria é capaz de conter". Qualquer revelação do infinito ao finito está logicamente limitada ao que o finito é capaz de compreender. A literatura, como toda arte, é particular e nunca geral, então seria apropriado chamar essa "autobiografia" de "o escândalo do particular".

Dorothy Sayers fala da "provação inquiridora da encarnação", e que isso demandou "uma coragem quase sobrenatural" (e eu excluiria o *quase*) por todo o Poder e Glória para escrever a sua autobiografia em termos humanos – tomando-se em consideração um homem que nos mostrou como era ser verdadeiramente humano, mas que foi traído por seus discípulos e morto pelas autoridades. E assim deparamos com o problema do mal.

Se Deus é bom, por que há o mal? De onde vem o mal? Muitas heresias foram forjadas em cima desse problema e muitas delas viam a matéria como o mal e apenas o Espírito como o bem. Mas, em Jesus, Deus se tornou matéria; a encarnação dignificou a matéria para sempre.

Mais uma vez, Dorothy Sayers cita Berdiaev: "Se pensarmos de forma profunda e intensa, seremos obrigados tanto a identificar o mal com o não ser, quanto a admitir o seu significado positivo. O mal é um retorno ao não ser, uma rejeição do mundo, e tem, ao mesmo tempo, um significado positivo, porque desperta, como uma reação contra si mesmo, o poder criativo supremo do bem". Sayers escreve que "a escuridão não será escuridão enquanto a luz não tornar possível o conceito de escuridão. A escuridão não pode dizer: 'Eu precedo a luz', mas há um sentido em que a luz pode dizer 'As trevas me precederam'". Ela continua: "Shakespeare escreve *Hamlet*. Esse ato de criação enriquece o mundo com uma nova categoria de Ser, a saber: *Hamlet*. Mas, ao mesmo tempo, ele enriquece o mundo com uma nova categoria de Não Ser, a saber: Não *Hamlet*. Tudo o que está além de *Hamlet*, até os confins do universo, adquire, além de suas características anteriores, a característica de ser Não *Hamlet*; todo o passado se torna imediata e automaticamente Não *Hamlet*". E, em última instância, "Anti-*Hamlet*".

Trata-se de uma tentativa gloriosa, mas nem Sayers nem ninguém antes ou depois dela teve sucesso em definir o problema do mal, e suspeito que ele nunca será definível em termos teológicos ou filosóficos. Onde mais nos aproximamos de entendê-lo é nas histórias, e a própria ficção de Sayers é um exemplo disso.

Não importa. Trata-se de uma questão com a qual vale a pena se confrontar, cada um à sua maneira. O problema se dá quando alguém insiste em ter *a* resposta.

Dorothy Sayers apresenta as suas respostas de forma metafórica e trinitária. Um romance corresponde ao seu conceito de Ideia, Energia e Poder, na condição de Livro como foi Pensado, Livro como foi Escrito e Livro como foi Lido; "porque se trata da Ideia de Deus sobre o universo (o Livro como foi Pensado)".

Quanto ao humor em *A Mente do Criador*, ele normalmente é sutil e intelectual. Há uma só "piada" e ela é familiar até mesmo a alguns que não leram o livro. Eu estava no ônibus passando pela Quinta Avenida quando topei com ela, e desatei a rir, para espanto dos demais passageiros, quando li sobre o "cavaleiro japonês apócrifo que se queixava: 'Honorável Pai, muito bem; Honorável Filho, muito bem; mas Honorável Pássaro eu não entendo de jeito nenhum'".

É muito engraçado, mas eu suspeito que a maioria dos artistas entendam o "honorável pássaro" melhor do que os dois outros aspectos da Trindade, pois de onde mais poderia vir a inspiração? Inspiração significa: sopro para dentro. Sopro do Espírito Santo. E é somente pelo Espírito Santo que somos capazes de compreender o Pai e o Filho.

A Mente do Criador fundamenta-se firmemente sobre os três credos: dos Apóstolos, de Niceia e de Atanásio, particularmente o de Atanásio, com a sua afirmação franca de que embora cada pessoa da Trindade seja uma e não três, e as três sejam Uma, a coisa toda é incompreensível. O credo de Atanásio provavelmente é o mais satisfatório dos credos, com a sua admissão aberta de que tentar definir o indefinível é como tentar escrever na água, e que isso não seja mais traduzível do que as palavras que Jesus escreveu na areia.

As questões impossíveis de responder continuam irrespondidas. Será que a Queda foi a queda de todo o universo? Ou da matéria? Ou da criatura humana? Por que parece haver uma luta entre a ordem e o caos? A destruição e a vida?

Dorothy Sayers fala da "necessidade violenta da criatura de ser criada", quer seja uma obra de arte, quer seja uma criança. As pessoas deste fim de século XX são motivadas a fazer parte desse processo de nascimento, em que elas podem ver o esforço urgente da criança por nascer, que é tão forte quanto a urgência da mãe por dar a luz.

Da mesma forma, a criação do escritor demanda nascer, insiste em extrair a ideia da mente do escritor para o papel.

Ao longo dos anos as palavras se mostraram escorregadias, móveis e mutantes. "Prevenir" (que vem de *prae-venire*) já significou "vir antes". Dorothy Sayers usa a palavra "fantasia" em oposição à Imaginação Criativa. Uma pessoa dada a fantasias é alguém com distúrbio de personalidade. A palavra, como é do seu feitio, mudou de sentido, e já não significa a confusão entre fato e sonho (remetendo muitas vezes ao pesadelo), mas é aquela Imaginação Criativa que Sayers tanto frisa. A realidade da fantasia não é a do fato, mas a da visão. Poderíamos mencionar *A Divina Comédia*, de Dante, *Além do Planeta Silencioso*, de C. S. Lewis, e *Phantastes*, de George MacDonald.

A fantasia que vem da pena de um grande escritor certamente é resultado de Imaginação Criativa. A confusão ocorre quando o escritor de obras fantásticas acha que esse gênero não tem regras e rejeita a necessidade de autocrítica. Sayers escreve que a "ideia de que a autocrítica seja um obstáculo para a inspiração é bastante equivocada, e só é corroborada pela mente de poetas menores, de quinta categoria. A crítica criativa é a resposta contínua do espírito para com a sua própria criação [...]".

A crítica criativa geralmente ocasiona a mudança da atitude do artista em relação à obra, como a de senhor para servo. Dorothy Sayers diz: "A única forma de 'controlar' a sua matéria-prima é abandonar toda a concepção de 'controle' e cooperar com ela, de forma amorosa: quem quer ser o senhor da vida deve ser o seu servo".

A Mente do Criador é um livro que desafia, estimula e afirma que "o lado mais severo do amor" é o poder que deve estar "presente na atitude do artista para com o seu trabalho".

1987

IN GLORIAM MAIOREM
SANCTI ATHANASII
QUI OPIFICIS AETERNI DIVINITATEM
CONTRA MUNDUM VINDICAVIT
ITEM
ECCLESIARUM BRITANNICARUM
PER DUCES SUOS CONTRA MUNDUM
OPERUM HUMANORUM SANCTITATEM
HODIE ASSERENTIUM

[Para a glória de Santo Atanásio,
que defendeu a divindade do Criador
eterno contra o mundo,
e igualmente dos que defendem hoje
a santidade das obras humanas
das igrejas britânicas contra o mundo
através dos seus representantes]

Eu me proponho a falar sobre a doutrina da Trindade de Deus [...]. Se, ao fazer isso, for levado a tratar de um ou dois pontos mais detalhadamente, não se deverá inferir daí, como algumas pessoas estranha e enganosamente supõem, que essas declarações adicionais pretendam ser explicativas. E isso quando, na verdade, elas deixam o Grande Mistério inalterado e são úteis apenas no sentido de imprimir em nossas mentes o que a Igreja universal quer dizer com a sua declaração e de torná-la uma questão de real profissão de razão e fé, e não um mero aglomerado de palavras.

John Henry Newman, *Sermon on the Trinity*

No caso do homem, aquilo que ele cria é mais expressivo sobre ele do que o que ele concebe. A imagem do artista e do poeta está mais claramente impressa em suas obras do que nos seus filhos.

Nikolai Berdiaev, O Destino do Homem

Prefácio

Este livro não é uma apologia do cristianismo, nem tampouco a expressão de uma crença religiosa pessoal. Trata-se, à luz de um conhecimento especializado, de um comentário acerca de um conjunto de declarações feitas nos credos cristãos e de sua pretensão de ser declarações de fato.

Essa advertência prévia é necessária porque a opinião pública se tornou tão confusa hoje, que não está mais em condições de receber qualquer declaração de fato, a não ser na forma de expressão de uma percepção pessoal. Há algum tempo, a autora desta obra, compreensivelmente irritada com a ignorância prevalecente em relação aos pontos essenciais da doutrina cristã, publicou um breve artigo em que esses pontos foram expostos numa linguagem que até uma criança seria capaz de entender. Cada ponto foi precedido da fórmula: "a Igreja sustenta que", "a Igreja ensina", "se a Igreja estiver certa", e assim por diante. A única opinião pessoal expressa nele foi que, mesmo se a doutrina fosse falsa, não poderia absolutamente ser considerada tola.

Todos os jornais que resenharam esse artigo partiram da suposição de que se tratava de uma profissão de fé – alguns deles (só Deus sabe por quê) o chamaram de "profissão corajosa de fé", como se os cristãos professos desse país tivessem de temer uma perseguição imediata. Uma revista literária de grande circulação e influência por todo o país chamou-o de "uma confissão de fé pessoal da parte de uma mulher que acha que está certa".

Acontece que o que a autora acredita ou deixa de acreditar, em todo o caso, tem pouca importância. O que tem enorme e catastrófica importância é a comprovada dificuldade de leitura de certas pessoas supostamente educadas. Longe de querer expressar qualquer crença pessoal ou de reivindicar alguma infalibilidade pessoal, a autora simplesmente apresentou uma revisão da doutrina oficial, sem dizer que ninguém é obrigado a crer nela. Não havia nesse artigo uma única palavra ou sentença da qual se pudesse inferir, de forma legítima, qualquer opinião pessoal. Ele poderia muito bem ter sido escrito por um bem informado adepto de Zaratustra.

Como os professores de escola sabem muito bem, a alta porcentagem de resultados insuficientes nas provas se dá pela "má leitura da pergunta". O candidato parece ter posto os olhos no papel, mas sua resposta demonstra que ele foi incapaz de determinar a pergunta proposta. Isso não é indício apenas de preguiça mental da parte dele, mas de que ele seja, sem exagero, um analfabeto funcional. Os professores ainda reclamam de que têm que gastar uma grande quantidade de tempo e energia ensinando os estudantes universitários a fazer as perguntas certas. Isso indica que a mente jovem tem grande dificuldade em separar a essência de um tema de seus acidentes; e as discussões nos palanques e na imprensa revelam, de forma desconcertante, que a maioria das pessoas nunca aprendeu a superar essa dificuldade. Um terceiro fenômeno preocupante é a extrema displicência da maioria daqueles que fazem as perguntas em dar ouvidos à resposta, fenômeno esse que se manifesta em especial nos entrevistadores profissionais das equipes editoriais de revistas populares. O fato é que simplesmente 99% das "entrevistas" contêm distorções mais ou menos sutis nas respostas dadas às perguntas, as quais, ainda por cima, estão mal formuladas para a finalidade de revelar a verdade. As distorções não se limitam às opiniões manifestadas, mas trata-se, muitas vezes, também de distorções dos fatos. E não apenas de mal-entendidos bobos, mas de falsificações deliberadas. Na verdade, o jornalista não está interessado nos fatos em si. E, até certo ponto, isso é desculpável, visto que, mesmo se publica fatos, seu público inevitavelmente os distorce na leitura. Mas o que é indesculpável é que, quando a vítima de distorções escreve para protestar e corrigir as declarações atribuídas a ela, seu protesto muitas vezes é ignorado e sua correção, suprimida. Nem lhe ocorre fazer qualquer retificação, já que deturpar declarações de uma pessoa não significa, para ele, nenhuma ofensa, exceto quando a deturpação acontece dentro dos estreitos limites da lei de difamação. A Imprensa e a Lei estão nessas condições porque a opinião pública não se importa se o que está sendo dito é verdade ou não.[1]

---

[1] É preciso considerar aqui o fato de a autora estar falando da imprensa da época da guerra, sujeita a altas censuras e distorções. Mas é possível aplicar grande parte do que ela diz à realidade atual. Isso se aplica ao livro como um todo, que se refere a realidades que ainda vigoram ou até mesmo se intensificaram nos dias de hoje. (N. T.)

A educação que se oferece à maior parte dos nossos cidadãos de hoje tem produzido uma geração de preguiçosos mentais. Eles são alfabetizados no sentido meramente formal, isto é, são capazes até de juntar as letras G, A, T e O, produzindo a palavra GATO. Mas não são alfabetizados no sentido de extrair daquelas letras um conceito mental claro do animal. A alfabetização no sentido formal é perigosa, uma vez que predispõe a mente a aceitar qualquer disparate maldoso sobre gatos que um escritor irresponsável queira pôr no papel. Tal disparate nunca teria passado pela cabeça de analfabetos puros e simples, que estejam familiarizados com um gato real, mesmo que não sejam capazes de soletrar seu nome. E, particularmente em matéria de doutrina cristã, uma grande parte da nação vive numa ignorância mais bárbara do que a da idade das trevas, devido a esse hábito de preguiça mental dos analfabetos funcionais. As palavras são entendidas em um sentido totalmente equivocado; declarações de fato e opinião são mal interpretadas e distorcidas na sua reprodução; argumentos fundados em equívocos são aceitos sem exame; opiniões pessoais são interpretadas como doutrina universalmente válida; regras disciplinares fundadas no consentimento são confundidas com interpretações de direito universal, e vice-versa. Como resultado, a estrutura lógica e histórica da filosofia cristã se transforma, na mente popular, em um amontoado confuso de absurdos míticos e patológicos.

É por essa razão que iniciei este breve estudo da mente criativa com um capítulo introdutório em que tentei deixar clara a diferença entre fato e opinião; e entre as chamadas "leis", baseadas em fatos, e a opinião.

Nas confissões de fé da cristandade, somos confrontados com um conjunto de documentos que não pretendem ser expressões de opinião, mas declarações de fato. Algumas dessas declarações são históricas e não estão em discussão neste livro. Outras são teológicas, o que significa que pretendem ser declarações de fato sobre a natureza de Deus e do Universo. E é com um número limitado delas que me proponho a lidar.

As declarações selecionadas aqui são aquelas que visam a definir a natureza de Deus, concebida em Seu poder de Criador. Elas foram originalmente elaboradas como defesas contra heresias, isto é, especificamente para salvaguardar os fatos contra as opiniões percebidas como distorções dos fatos. Não se pode considerá-las como o produto de especulação irresponsável em torno de fantasias tecidas no vácuo, de maneira independente. Isso representaria o contrário do fato histórico. Elas nem sequer teriam sido formuladas, não fosse pela necessidade prática urgente de encontrar uma fórmula para definir a verdade experimentada de forma compreensível, imune a todas as possibilidades de mal-entendidos e de crítica.

Vou esforçar-me para evidenciar que essas declarações sobre Deus, o Criador, não são, como se costuma supor, um conjunto de mistificações arbitrárias irrelevantes para a vida humana e para o pensamento. Pelo contrário, não importa se são ou não verdades sobre Deus: se analisadas à luz da experiência direta, elas se tornam testemunhas claras da verdade sobre a natureza da mente criativa como tal e como a conhecemos. Na medida em que são aplicáveis ao homem, elas representam uma descrição bem precisa da mente humana quando envolvida no exercício de sua imaginação criativa. Se isso serve para provar que o homem é feito à imagem de Deus, ou, simplesmente, que Deus tenha sido feito à imagem do homem é uma discussão que não vou desenvolver aqui, já que a resposta a essa pergunta depende daquelas declarações históricas, as quais estão fora do escopo ora adotado. Entretanto, o cristianismo afirma que a estrutura trinitária, que existe de forma comprovável na mente do homem e em todas as suas obras, corresponde, na verdade, à estrutura integral do universo. Ele afirma também que tal correspondência não ocorre por causa de um imaginário pictórico, mas por uma necessidade de identidade substancial com a natureza de Deus, em Quem tudo o que é existe.

Repito, trata-se da doutrina cristã. Não é invenção minha, e sua verdade ou falsidade não pode ser afetada por quaisquer opiniões minhas. Vou apenas tentar demonstrar que as declarações feitas nos Credos sobre a Mente do Criador Divino representam, até onde eu consiga comprová-las pela minha experiência, declarações verdadeiras sobre a mente do criador humano. *Se* essas declarações forem consideradas teologicamente verdadeiras, então as inferências a serem extraídas sobre o atual sistema social e educacional são importantes e, quem sabe, até alarmantes. Mas não estou emitindo qualquer opinião pessoal sobre elas serem ou não teologicamente verdadeiras. Não estou escrevendo "como cristã", mas "como" escritora profissional.[2] E espero que ninguém seja

---

[2] Se é que seja apropriado usar esta expressão curiosa. A teoria de que quem escreve não seja o Eu, mas apenas algum aspecto do Eu, é bastante popular atualmente. Ela é

tolo a ponto de afirmar que, ao indicar esse fato simples, eu esteja negando a crença no cristianismo. Este livro não prova nada quanto às minhas opiniões religiosas pessoais, pelo simples fato de que elas nem sequer são mencionadas.

---

propícia à classificação. Mas é claro que ela é herética – trata-se, sem dúvida, de uma forma de sabelianismo. [Sabeliano foi um teólogo do século III que defendia que Deus não era, ao mesmo tempo, Pai, Filho e Espírito, mas que assumia essas manifestações de forma consecutiva. A sua heresia se extinguiu no século IV. (N. E.)] Mesmo nesse caso, seu uso é bastante impreciso. A frase "o Sr. Jones escreve como explorador do minério de carvão" normalmente significa que o crítico sabe que o Sr. Jones é um minerador, e pensa ser evidente que ele entenda de mineração. Mas dizer que "o Sr. Smith escreve como cristão" talvez signifique apenas que o crítico notou algum conhecimento do cristianismo no Sr. Smith, e que ele pensa ser óbvio que ele seja cristão. "Esse fato (*de que eu já tive muitos amigos cristãos*)", queixa-se o Sr. Herbert Read, "juntamente com o meu interesse intelectual pela religião, e ao mesmo tempo minha referência frequente à escolástica, tem levado à suposição de que eu seja, pelo menos, simpatizante da Igreja Católica, ou até um neotomista" (*Annals of Innocence and Experience* [Anais da Inocência e Experiência]). Mas é claro; o que mais ele poderia esperar?

A Mente do Criador

CAPÍTULO 1

AS "LEIS" DA NATUREZA E DA OPINIÃO

Se um estranho observasse os graduandos da nossa universidade voltarem para os seus aposentos antes da meia-noite, poderia achar que tivesse descoberto alguma lei da natureza humana – que alguma coisa na natureza dos estudantes os levasse a buscar a proteção dos muros da faculdade antes da badalada da meia-noite. Mas é necessário esclarecê-lo de que essa lei tem uma origem bem diferente – a administração da faculdade. Mas será que isso justificaria dizer que essa regra é totalmente independente da natureza dos estudantes? Não necessariamente. Uma análise cuidadosa revelaria que a regra se baseia em considerável experiência anterior quanto à natureza dos estudantes. Não se pode afirmar que a regra da meia-noite não se baseie na natureza estudantil; acontece que essa relação não se dá da forma como o estranho supunha.

Sir Arthur Eddington, *The Philosophy of Physical Science*

De maneira geral, a palavra "lei" é usada em dois sentidos bem distintos. Ela pode referir-se a uma regra arbitrária estabelecida com consentimento geral, em circunstâncias particulares, com propósitos particulares, podendo, dessa forma, ser promulgada, reforçada, suspensa, alterada ou corrigida, sem entrar em conflito com o esquema geral do universo. Nesse sentido, pode-se falar de "lei" romana, de "leis" do bem-estar do cidadão e das "leis" do críquete. Leis desse tipo frequentemente determinam que certos eventos devem ser o efeito de outros, sem que o segundo evento seja uma consequência *necessária* do primeiro: a conexão entre os dois é puramente formal. Assim, por exemplo, se a bola atingir o *wicket*[1] (com uma tacada correta), então o batedor estará "fora". Entretanto, não há nenhuma conexão inevitável entre o impacto da bola nas três varetas fincadas no chão e o deslocamento de um corpo humano da parte aparada da grama até o vestiário. Os dois eventos são facilmente distinguíveis em teoria. Se o

---

[1] Conjunto de três varetas fincadas no chão, chamadas de *stumps* [tocos]. (N. T.)

Clube de Críquete decidir alterar essa "lei", poderia imediatamente fazê-lo, por um simples decreto, e não provocaria nenhum cataclisma natural. E, de fato, a regra já foi alterada ao longo da história do esporte, e não apenas o universo, mas até o jogo, sobreviveu às alterações.

Algo semelhante acontece quando um britânico do século XX se casa com duas mulheres ao mesmo tempo: ele vai preso – isto é, se ele for pego. Não há uma conexão causal necessária entre a poligamia e o fim da liberdade pessoal (isto no sentido formal; em outro sentido, poder-se-ia dizer que se casar com uma só mulher também já significa renunciar à liberdade); em países muçulmanos, casar-se com até quatro mulheres é, ou já foi, não apenas legal, mas moralmente admissível. E, na guerra, as restrições ao uso de gás tóxico e ao uso indiscriminado de minas devem, infelizmente, ser entendidas mais como aspirações piedosas do que como "leis", que tragam quaisquer consequências, até mesmo convencionais.

Em seu outro sentido, a palavra "lei" é empregada para designar uma constatação genérica de um fato observado, seja ele qual for. A maioria das chamadas "leis da natureza" são do seguinte tipo: "Quem põe o dedo no fogo vai se queimar"; ou então: "Quando se varia a distância entre um objeto e uma fonte de luz, a intensidade da luz sobre a superfície do objeto vai variar de forma inversamente proporcional ao quadrado da distância". "Leis" assim não podem ser promulgadas, alteradas, suspensas ou quebradas à revelia; elas nem mesmo são "leis", no sentido das regras do críquete ou das "leis" do campo; elas são declarações de fatos observados inerentes à natureza do universo. Qualquer um pode decretar que o assassinato não deve ser punido com a morte. Mas ninguém pode decretar que tomar um copo de ácido prússico não tenha por consequência a morte. No primeiro caso, a relação entre os dois eventos é legal – isto é, é arbitrária; no último, trata-se de uma relação causal, em que o segundo evento é uma consequência necessária do primeiro.[2]

---

[2] As conclusões alcançadas pelos físicos parecem mostrar que as "leis" que regem o comportamento da matéria inanimada podem ser reduzidas a uma única "lei", qual seja, de que não há "lei" ou "código" no sentido arbitrário; que a matéria "se deposita de forma aleatória"; ou "se comporta de forma imprevisível"; ou "faz o que bem entende"; ou "se revela de acordo com o que é estatisticamente mais provável". Essa é só outra forma de dizer que as "leis" do universo físico são observações de fato. Diz-se que a matéria se comporta da forma como o faz, porque é assim que podemos observar a matéria se comportar. Consequentemente, não podemos usar as "leis" da física para construir um universo

A palavra "lei" é aplicável também a declarações de fatos observados de natureza bem distinta. É usada, por exemplo, como uma expressão prática para resumir uma tendência geral, nos casos em que um dado efeito, geralmente, mas não necessariamente, se segue a uma causa dada. Assim a "lei" genética de Mendel se refere ao fato observado de que o cruzamento, por exemplo, de ervilhas pretas e brancas vai resultar – de maneira ampla e genérica – em ervilhas pretas, brancas e mulatas, numa determinada proporção,[3] embora não necessariamente com exatidão aritmética em cada caso isolado. Portanto, a mesma palavra também é usada para descrever a *tendência* cuja ocorrência foi observada como fato histórico por determinados períodos. O filólogo Jacob Grimm, por exemplo, observou que certas mudanças fonéticas ocorreram em consoantes particulares ao longo do desenvolvimento das línguas teutônicas, a partir das raízes primitivas que elas compartilham com o grego e o sânscrito. O resultado de suas observações é conhecido como "Lei de Grimm", "assim, a Lei de Grimm pode ser definida como a *declaração de certos fatos* fonéticos, que ocorrem de maneira invariável, se não houver interferência de outros fatos".[4] Uma "lei" desse tipo é, portanto, muito parecida com uma "lei da natureza". Pode-se dizer que uma maçã, quando cai da árvore, invariavelmente vai ao chão – a menos que haja algum obstáculo, por exemplo, a mão de um Isaac Newton para apanhá-la.

Há, entretanto, esta diferença: podemos prontamente conceber um universo em que a Lei de Grimm não funcionasse; o mundo permaneceria

---

hipotético de comportamento físico diferente. Aquelas leis são observações de fato sobre *este* universo, de modo que, de acordo com elas, nenhum outro tipo de universo físico é possível. A natureza animada, por outro lado, ao mesmo tempo que obedece à "lei" da aleatoriedade, parece ser caracterizada por um conjunto adicional de "leis", incluindo, entre outras, a capacidade do uso da aleatoriedade física para a construção de uma ordem propositiva, e para a promulgação de códigos arbitrários para regular o seu próprio comportamento. Ver Reginald Otto Kapp, *Science* versus *Materialism*. London, 1940. (Seção II, "Double Determinateness").

[3] Há um famoso limerick que o resume bem:
Uma dama chamada branquinha,
Que teve um caso com um negrinho;
De seus pecados o resultado
Foram quadrigêmeos e não gêmeos,
Um negro, um branco e dois mulatos.

[4] *Chambers Encyclopaedia*. Ver Grimm (Jacob).

substancialmente o mesmo se o *t* do sânscrito, em vez de equivaler ao *d* do alemão antigo, fosse representado por alguma letra diferente; ao passo que o mundo em que as maçãs não caíssem no chão seria bem diferente daquele em que vivemos. A "lei" de Grimm é, em poucas palavras, a declaração de um fato histórico, enquanto as "leis" da natureza são declarações acerca de fatos físicos: uma esclarece a respeito de algo que *ocorreu*; as outras, sobre o que *ocorre de fato*. Mas ambas são declarações de fatos observados sobre a natureza do universo. Observa-se que certas coisas ocorrem e sua ocorrência independe do consentimento ou do juízo humano. Um povoado que acreditasse que a Terra é plana alteraria, sem dúvida, o seu comportamento e as suas leis físicas de acordo com isso, mas a opinião deles não alteraria em nada o formato da Terra. Esta permanece como é, não importa se os seres humanos concordam ou discordam disso, ou mesmo se nunca tiverem discutido o assunto ou tomado conhecimento dele. Se o formato da Terra traz consequências para a humanidade, essas consequências vão continuar ocorrendo em conformidade com as leis da natureza, quer isso agrade à humanidade quer não.

A decisão do clube de críquete sobre o jogo, por outro lado, não altera meramente um conjunto de teorias sobre o críquete; altera o jogo. Isso porque o críquete é uma invenção humana, cujas leis dependem, para sua existência e validade, do consenso e do juízo humanos. Não haveria regras e não haveria críquete se o clube não estivesse em acordo interno substancial sobre como o críquete deve ser jogado em princípio – se, por exemplo, uma facção pensasse que se trata de uma espécie de corrida de cavalos com obstáculos, enquanto outra o considerasse uma espécie de dança ritualística. Suas leis, baseadas como estão no consenso de opiniões, podem ser impostas pelos mesmos meios; um jogador que deliberadamente as infrinja não será convidado a jogar de novo, pois aqueles que criaram as regras serão unânimes em querer punir o infrator. Portanto, a lei arbitrária tem uma autoridade válida, se observar duas condições.

A primeira é que a opinião pública apoie essa lei vigorosamente. Isso é compreensível, já que a mesma opinião é a própria autoridade de direito. Uma lei arbitrária não pautada por um consenso de opinião não obrigaria a sua observação de fato, e no final acabaria caindo em descrédito e teria de ser rescindida ou alterada. Foi isso o que aconteceu com as leis de proibição na América. E é o que está acontecendo hoje[5] com as leis para os civis na condução de guerra civilizada, já que a opinião pública alemã se recusa a reconhecê-las e o consenso da opinião mundial não é poderoso o bastante para impor-se ao consenso alemão. Essa situação pode ser expressa de forma bastante precisa, quando dizemos que a Alemanha não está "observando as regras do jogo" – admitindo, com essa frase, que as "leis" de combate são arbitrárias, à semelhança das "leis" de um jogo, e só terão validade se houver um consenso geral da opinião.

A segunda condição é, claro, que a lei arbitrária não vá contra as leis da natureza. Caso isso ocorra, ela não só não será aplicada como não terá como ser aplicada. Assim, se o clube de críquete chegasse a um acordo, em um momento impensado, de que a bola deve ser atingida de tal forma, pelo batedor, que nunca mais voltasse à terra, então, o críquete tornar-se-ia impossível.

Uma boa dose de senso de realidade costuma impedir as delegações esportivas de promulgarem leis dessa natureza. Já outro tipo de legislador ocasionalmente se ressente da falta desse realismo salutar. Quando as leis que regulam a sociedade humana são formadas de modo a entrar em conflito com a natureza das coisas e, em particular, com as realidades fundamentais da natureza humana, elas produzem situações impossíveis que, se não houver alteração da lei, acabarão resultando em catástrofes como a guerra, a pestilência e a fome. Catástrofes desse tipo devem ser vistas como resultantes da penalidade atribuída pela lei universal contra decretos arbitrários, que vão contra os fatos; por isso elas são chamadas pelos teólogos, de forma bastante apropriada, de juízos de Deus.

No cotidiano humano, muita confusão é causada pelo uso da mesma palavra "lei" para descrever duas coisas muito diferentes: um código arbitrário de comportamento, baseado em um consenso da opinião humana, e a declaração de fatos inalteráveis sobre a natureza do universo.[6] A confusão chega ao extremo quando o assunto é a "lei moral". O Professor Macmurray[7] diz, por exemplo, ao contrastar a lei moral com a lei da natureza: "A essência de [...] uma moralidade mecânica será a ideia de que a bondade

---

[5] Vale lembrar que *A Mente do Criador* foi escrito no auge da Segunda Guerra Mundial, em 1940, e publicado em 1941. (N. T.)

[6] Cf. E. H. Carr, *The Twenty Years' Crisis*, cap. X.

[7] John Macmurray, *Freedom in the Modern World*.

consiste na obediência à lei moral. Tal moralidade é falsa, porque destrói a espontaneidade humana [...] sujeitando-a a uma autoridade externa. [...] Só a matéria pode ser livre para obedecer a leis".

O que ocorre aqui é o uso das palavras "lei" e "leis" em dois sentidos diferentes. Quando o autor fala das "leis" que governam o comportamento da matéria, ele está falando de declarações de fatos observados sobre a natureza do universo material; quando fala da "lei" moral, está falando do código arbitrário de comportamento estabelecido pela opinião humana.

Há aí uma lei moral universal, distinta de um código moral, que consiste em certas declarações de fato sobre a natureza do homem; agindo em conformidade com elas, o ser humano desfruta de verdadeira liberdade. Isso é o que a Igreja Cristã chama de "lei natural".[8] Quanto mais intimamente o código moral concorda com a lei natural, maior será a liberdade do comportamento humano; quanto mais se afasta da lei natural, mais tenderá a escravizar a humanidade e a produzir catástrofes chamadas de "juízos de Deus".

A *lei* moral universal (ou lei natural da humanidade) é passível de ser descoberta, como qualquer outra lei da natureza, por meio da experiência. Ela não pode ser proclamada; só pode ser averiguada, pois não é uma questão de opinião, mas de fato. Uma vez averiguada, será possível inferir dela um *código* moral, capaz de orientar a conduta humana e, na medida do possível, prevenir os seres humanos de cometer qualquer tipo de violência contra a sua própria natureza. Não há necessidade de nenhum código para orientar o comportamento da matéria, já que a matéria não parece ser propensa a atentar contra a sua própria natureza, mas obedece à lei de sua existência em plena liberdade. O ser humano, entretanto, sofre constantemente desse tipo de tentação e frequentemente se rende a ela. Essa contradição presente em sua própria natureza é peculiar ao ser humano, sendo chamada pela igreja de "pecaminosidade"; os psicólogos dão outros nomes a ela.

A validade desse *código* moral depende de um consenso do juízo humano sobre o que realmente seja a natureza humana, e o que deveria ser se

---

[8] "A lei natural pode ser descrita resumidamente como uma força atuante na história, que tende a manter humanos os seres humanos." J. V. Langmead Casserley, *The Fate of Modern Culture*.

fosse libertada dessa estranha contradição e habilitada a fazer jus a si mesma. Caso não haja nenhum acordo sobre essas coisas, então é inútil fazer questão do código moral. É pura perda de tempo queixar-se de que a sociedade está infringindo um código moral que se destina a fazer com que as pessoas se comportem como São Francisco de Assis, se a sociedade não tiver a pretensão de se comportar assim, e considerar mais natural e mais acertado comportar-se como o imperador Calígula. Sempre que há um conflito genuíno de opinião, faz-se necessário investigar o que está além do código moral e apelar à lei natural – a fim de provar, à luz da experiência, que um São Francisco de Assis goza de concordância mais livre com a essência da natureza humana do que um Calígula; e que uma sociedade de Calígulas teria mais chances de terminar em catástrofe do que uma sociedade de franciscanos.

A moralidade cristã compreende tanto o código quanto a lei moral. O código cristão nos é familiar; mas esquecemos com facilidade que sua validade depende da opinião cristã sobre a lei moral estar certa ou errada – quer dizer, se está certa ou errada sobre os fatos essenciais da natureza humana. Os mandamentos de não matar, não roubar ou não cometer adultério pertencem ao código moral e estão baseados em certas opiniões sustentadas por todos os cristãos sobre o valor da personalidade humana. "Leis" dessa natureza não são declarações de fato, mas regras de conduta. As sociedades que não compartilham dos valores cristãos estão plenamente justificadas a rejeitar um código que se baseia sobre tal opinião. Se, entretanto, a opinião cristã acerca dos fatos da natureza humana se revelar verdadeira, então as sociedades dissidentes estarão se expondo ao juízo catastrófico que aguarda aqueles que desprezam a lei natural.

Por trás do *código* moral cristão, encontramos certa quantidade de pronunciamentos sobre a *lei* moral. Não se trata absolutamente de regulamentos, mas de declarações de fato sobre o homem e seu universo, das quais depende toda a autoridade e a validade prática do código moral. Tais declarações não se fundam em consentimento humano; elas são verdadeiras ou falsas. Se forem verdadeiras, o ser humano as contradiz por sua própria conta e risco.[9] É claro que ele pode desprezá-las, da mesma forma

---

[9] Cf. o conceito virgiliano de destino: "O homem tem até a liberdade de quebrar a lógica cósmica, se assim o desejar, mas, ao assim fazer, expõe-se a uma penalidade inevitável". C. N. Cochrane, *Christianity and Classical Culture*.

como pode desafiar a lei da gravidade, pulando da Torre Eiffel, mas ele não as pode abolir por decreto. Nem mesmo Deus pode aboli-las, a não ser quebrando toda a estrutura do universo; nesse sentido, elas não podem ser consideradas arbitrárias. É claro que se poderia até argumentar que a feitura de um universo assim, ou na verdade de qualquer universo, seja um ato arbitrário; mas, dado o universo que aí está, conclui-se que as regras que o governam não são excentricidades de um capricho momentâneo. Há uma grande diferença entre dizer "se você colocar a mão no fogo acabará se queimando" e dizer "se continuar assobiando assim no trabalho, vou bater em você: esse assobio está me dando nos nervos". O Deus dos cristãos muitas vezes é visto como um senhor de nervos irritadiços que bate nas pessoas que assobiam. Isso vem da confusão que se faz entre "leis" arbitrárias e "leis" que são declarações de fato. A quebra da primeira é punida por decreto; da segunda, por juízo (de Deus).

"Pois Ele visita os pecados dos pais nos filhos até a terceira e quarta geração daqueles que O odeiam e mostra misericórdia para com milhares dos que O amam e guardam os Seus mandamentos."

Temos aqui uma declaração de fato, observada pelos judeus e estabelecida como tal. Em sua formulação, ela poderia parecer uma expressão arbitrária de sentimentos pessoais. Mas hoje entendemos mais sobre os mecanismos do universo, e estamos em condições de reinterpretar os juízos sobre as "leis" da hereditariedade e do meio ambiente. Se tentarmos desafiar os mandamentos da lei natural, toda a nossa raça sucumbirá em poucas gerações; se cooperarmos com ela, a humanidade florescerá por anos a fio. E este é um fato, quer nos agrade quer não; o universo se estrutura dessa forma. Esse mandamento é de nosso especial interesse, porque promove a *lei* moral, como base para um *código* moral: *porque* Deus criou o mundo dessa maneira e não o altera, por isso você não deve prestar culto às suas próprias fantasias e sim sujeitar-se à verdade.

Existem outras declarações espalhadas pelo Novo Testamento sobre a lei moral, muitas das quais parecem igualmente arbitrárias, duras ou paradoxais: "Quem quiser salvar a sua vida, perdê-la-á"; "a quem tem, muito se lhe será dado, mas a quem não tem, mesmo o que tem lhe será tirado"; "é necessário que venham os escândalos, mas ai daquele por quem o escândalo vem"; "os céus regozijam mais com um só pecador que se arrepende do que com 99 justos, que não carecem de perdão"; "é mais fácil um camelo passar pelo buraco de uma agulha do que um rico herdar o reino de Deus"; "é melhor vir à vida sem pés do que ter dois pés fincados no inferno"; "a blasfêmia contra o Espírito de Deus não será perdoada... nem neste mundo, nem no porvir".

Podemos ouvir citações como essas uma centena de vezes, sem encontrar nelas nada além de mistificação e irracionalidade; mas na milésima primeira vez elas despertam feito raio alguma memória de experiência fundamental, e subitamente nos damos conta de que se trata de uma declaração de fato inexorável. A parábola do administrador infiel representa um enigma insolúvel, quando abordada por meio de um raciocínio *a priori*. É só depois de termos passado por uma desavença pessoal com a incompetência curiosamente injusta de alguns dos filhos da luz que reconhecemos sua verdade irônica quanto à natureza humana. A maldição da figueira estéril parece uma "explosão de mau humor irracional", "pois ainda não era a época de figos"; até que alguma crise desesperada nos confronta com o desafio dessa parábola dramatizada, que nos faz saber que só temos duas alternativas: alcançar o impossível ou perecer.

Algumas dessas leis já começaram a ser elucidadas em seus mecanismos pela psicologia; já para outras o único comentário disponível é o da vida e da história.

Nossa capacidade de discernir entre o que se apresenta como opinião pessoal e o que é um juízo de fato é essencial para a nossa compreensão de toda e qualquer doutrina. Vinte séculos atrás, em suas palestras sobre a poesia, Aristóteles apresentou algumas observações sobre a estrutura do teatro, que posteriormente foram codificadas como a "Regra das Três Unidades". Essas observações estavam sujeitas às vicissitudes às quais todos os credos formais estão sujeitos.

Houve um tempo em que elas foram consideradas sacrossantas, não porque fossem juízos sobre a verdade, mas porque representavam uma decisão arbitrária vinda de uma pretensa "autoridade", aplicadas como testes automáticos, sem levar em conta se as peças de teatro em questão tinham sido informadas pela verdade fundamental que é a razão de ser por trás de qualquer regra. Mais tarde, houve uma revolta contra elas, por representarem um código arbitrário, e os críticos do nosso tempo têm chegado ao ponto de afirmar que as unidades de Aristóteles estão obsoletas. Mas essa é uma tolice ainda pior que a anterior.

O público que nunca ouviu falar da crítica de Aristóteles queixa-se diariamente de peças de teatro que não observam a unidade. "Essa história", dizem eles, "parece não ter pé nem cabeça. Não sei para onde dirigir meu interesse, já que a peça toda começou como um drama e acabou se revelando uma farsa... Houve um excesso de cenas – a cortina se abriu e, no minuto seguinte, fechou... Eu não consegui manter minha atenção focada – todos aqueles intervalos atrapalharam a concentração [...]. A história se estendeu por toda a Guerra dos Trinta Anos [...] isso teria sido aceitável para um romance. Mas não tinha foco suficiente para o teatro; a história parecia prosseguir incessantemente, sem nunca chegar ao fim".

Que sentido há em dizer que os dramaturgos do século XX deveriam se recusar a depender das máximas de um professor da Grécia Antiga? Pois, querendo ou não, eles estão presos a elas, graças a realidades fundamentais da natureza humana, que se encontram inalteradas desde a Atenas clássica até a moderna Londres. Aristóteles nunca apresentou as suas "unidades" como um *a priori* de opinião pessoal sobre o ideal abstrato de uma peça: ele as apresentou como observações de fato sobre peças que se revelam bem-sucedidas na prática. Julgando pelos resultados, ele inferiu e observou que a ação numa peça deve ser a mais coerente e a mais concentrada possível, do contrário – considerando a natureza humana como ela é – o público fatalmente se distrairia e ficaria entediado. Isso se apresenta como uma declaração de fato e, por se tratar de uma declaração verdadeira, ela explica uma sucessão de tristes fracassos teatrais. É facultado a qualquer dramaturgo rejeitar a opinião de Aristóteles, mas a sua independência não lhe será de nenhum proveito se essa opinião estiver baseada em fatos; da mesma forma, é facultado a qualquer dramaturgo aceitar a opinião de Aristóteles, mas ele não deve fazê-lo por ser de autoria de Aristóteles, mas porque os fatos a confirmam de maneira concreta.

De forma semelhante, muita controvérsia fervorosa tem se precipitado contra as crenças cristãs, que estariam sob suspeita de representar não declarações de fato, mas decretos arbitrários. As condições para a salvação, por exemplo, são discutidas como se fossem as condições para a adesão a um clube secreto, como a Liga dos Ruivos.[10] Mas elas não pretendem

---

[10] Ou *A Liga dos Cabeças Vermelhas*; trata-se de um dos mais populares livros de Arthur Conan Doyle, da série de Sherlock Holmes. (N. T.)

ser nada disso. Estando certas ou não, elas se propõem a ser condições necessárias baseadas em fatos da natureza humana. Estamos acostumados a ver condições impostas aos empreendimentos humanos, sendo algumas arbitrárias e outras não. Poderíamos imaginar uma lei que só permitisse a um cozinheiro fazer omeletes se estivesse usando um chapéu de mestre--cuca para lhe dar a força da lei, inclusive com sanções impostas pela sua desobediência, mas nem por isso a situação deixaria de ser arbitrária e irracional. Já a lei de que só se pode fazer omeletes se antes se quebrarem ovos é do tipo com o qual infelizmente estamos mais do que familiarizados. Os esforços de idealistas por fazer omeletes sem observar essa condição estão fadados ao fracasso, pela simples natureza das coisas.

Muitas vezes se supõe que os credos cristãos pertencem à categoria dos chapéus de mestre-cuca. Isso está errado, pois eles pertencem à categoria da quebra de ovos. Mesmo a mais famigerada das sentenças de condenação eterna, que faz as pessoas mais sensíveis desviarem-se da liturgia e banirem o Credo de Atanásio das orações públicas, não quer dizer que Deus irá recusar-se a salvar os incrédulos, mas é ao mesmo tempo menos arbitrária e mais alarmante: "A não ser que um ser humano seja constante na fé, *não poderá* ser salvo". Esta pretende ser uma declaração de fato. A pergunta certa a ser feita sobre qualquer credo não é "será que ele é agradável?", mas, "será que é verdadeiro?". "O cristianismo compele a mente humana, não porque seja a visão mais satisfatória sobre a existência do homem, mas porque ele chega mais perto da verdade dos fatos".[11] É desagradável ser chamado de pecador, e muito mais agradável achar que todos nós temos corações de ouro, mas será que temos mesmo? É agradável supor que quanto mais conhecimento científico adquirirmos, mais felizes seremos, mas será que as coisas são assim mesmo? É animador ter a sensação de que o progresso está nos tornando automática e continuamente melhores a cada dia que passa, mas será que a história dá sustentação a esse ponto de vista? "Consideramos essas verdades como autoevidentes: que todos os homens foram criados iguais"[12] – será que a evidência externa dá sustentação a essa assertiva *a priori*? Ou será que a experiência não sugere antes que o

---

[11] Lord David Cecil, "True and False Values". *The Fortnightly*, março de 1940.

[12] Jefferson, *Declaração da Independência dos EUA*.

homem se encontre "muito longe da retidão original, sendo, por sua própria natureza, inclinado para o mal"?[13]

Um credo proclamado com base na autoridade merece nosso respeito na medida em que respeitamos a sua pretensão de ser o árbitro da verdade. Mas se tanto o credo quanto a autoridade se revelarem igualmente arbitrários, irracionais e obstinados, vamos nos ver num estado de extremo terror e espanto, sem nunca saber como ou por que agir dessa ou daquela forma, ou o que podemos esperar a cada instante que passa. Um credo, entretanto, que seja capaz de demonstrar que se baseia em fatos nos prontifica a confiar no julgamento dessa autoridade; e se num caso e noutro ele acabar por se mostrar correto, podemos estar inclinados a pensar que é provável que ele esteja correto em tudo, em relação a todas as coisas. A condição pressuposta necessária para estimar o valor dos credos é a compreensão plena do que eles dizem ser: não idealismos fantasiosos; não códigos arbitrários; não abstrações irrelevantes para a vida humana e para o pensamento; mas declarações de fato sobre o universo da maneira como o conhecemos.

Qualquer indício – por menor que seja – da racionalidade de um credo nos ajuda a alcançar uma compreensão maior do que ele pretende dizer, e nos permite decidir se ele é, como se propõe, um testemunho de verdade universal.

---

[13] Igreja Anglicana, *Articles of Religion*, IX.

CAPÍTULO 2

A IMAGEM DE DEUS

O que se diz de Deus e de outras coisas não são afirmações feitas de forma unívoca nem equívoca, mas de forma analógica... Uma vez que chegamos ao conhecimento de Deus a partir de outras coisas, a realidade dos nomes predicados de Deus e das outras coisas estão primeiro em Deus, de acordo com o seu Ser, mas o significado do seu nome está nele posteriormente. Por isso é que se diz que Ele é nomeado a partir de seus efeitos.
Santo Tomás de Aquino, *Suma Contra os Gentios*

Desfazemo-nos de todas as fantasias mentais para alcançar a realidade por trás delas, e acabamos por constatar que a realidade por trás está ligada à sua potencialidade de despertar essas fantasias. Porque a mente, o tecelão da ilusão, é também a única garantia de realidade, realidade esta que deve ser buscada sempre no fundo da ilusão.
Sir Arthur Eddington, *Nature of the Physical World*

No princípio, criou Deus. Criou isso e criou aquilo e viu que era bom. E Ele criou o homem à Sua própria imagem, à imagem de Deus o criou, homem e mulher os criou.

É isso que se lê no Gênesis. A expressão "à sua própria imagem" já provocou muita polêmica. Só as pessoas mais simplórias de todos os tempos e nações acharam que a semelhança fosse física. As tantas figuras que mostram o Criador como um senhor de idade barbudo com um manto esvoaçante, sentado num trono feito de nuvens, são reconhecidas como puramente simbólicas. A "imagem", o que quer que o autor quisesse dizer com essa expressão, é compartilhada tanto por homens quanto por mulheres. A masculinidade agressiva do Jeová pictórico, que pode representar o poder, a racionalidade ou qualquer outra coisa que se queira, não tem relação com o texto que citei acima. Na verdade, a doutrina cristã e sua tradição se opuseram, por meio de sua linguagem e imaginário, a todo o simbolismo sexual da fertilidade divina. Sua Trindade é inteiramente masculina, da mesma forma como é masculina toda a linguagem relativa ao homem como espécie.[1]

Os judeus, profundamente atentos aos perigos da metáfora pictórica, proibiram a representação da pessoa de Deus em imagens de escultura. Entretanto, a natureza humana e a natureza da linguagem humana os venceram. Nenhuma legislação pode impedir a feitura de imagens verbais: Deus passeia no jardim, Ele estende seu braço, Sua voz abala os cedros, Seus olhos põem os filhos dos homens à prova. Proibir a formação de imagens sobre Deus seria proibir até pensar em Deus, pois o homem é tal que não tem como pensar senão por imagens. Mas, ao longo de toda a história da Igreja judaico-cristã, a voz de alerta foi continuamente levantada contra o poder dos criadores de imagens: "Deus é espírito",[2] "sem corpo, partes ou paixões",[3] "ele é ser puro", o "*Eu sou o que sou*".[4]

O homem, obviamente, não é um ser desse tipo; seu corpo, partes e paixões são por demais evidentes em sua constituição. Como, então, se pode dizer que ele se assemelha a Deus? Será que é a sua alma imortal, sua racionalidade, sua autoconsciência, seu livre-arbítrio, ou o que mais, que lhe dá direito a essa surpreendente distinção? É possível argumentar que todos esses elementos encontram-se na natureza complexa do homem. Mas será que o autor do Gênesis não tinha em mente algo muito especial quando escreveu isso? Pode-se observar que, na referida passagem que traz a declaração sobre o homem, não se deram informações detalhadas a respeito de Deus. Ao olhar para o homem, vê-se nele algo essencialmente divino, mas quando nos voltamos para trás para ver o que ele diz sobre o original, segundo o qual a "imagem" de Deus foi modelada, só o que encontramos é a afirmação: "E Deus criou". Parece que a característica comum a Deus e ao homem é esta: o desejo e a capacidade de fazer coisas.

Poder-se-ia dizer que esta é uma metáfora como outras tantas declarações sobre Deus. Isso é certo, mas nem por isso é das piores. Como salientou Tomás de Aquino, toda linguagem sobre Deus deve necessariamente ser analógica. Isso não é surpreendente, nem tem de fazer-nos supor que,

---

[1] Cf. Santo Agostinho, *A Trindade*, Livro XII, cap. V.

[2] João 4,24.

[3] Igreja da Inglaterra, *Articles of Religion*, I.

[4] Êxodo 3,14.

por ser analógica, seja sem valor, nem tampouco desprovida de qualquer relação com a verdade.

O fato é que toda linguagem, não importa sobre o que seja, é analógica. Nosso pensamento se dá por meio de uma série de metáforas; não sabemos explicar nada por si só, mas apenas à luz de outras coisas. Nem mesmo a matemática é capaz de expressar a si mesma senão por meio de um sistema ideal de números puros. A partir do momento em que começa a lidar com os números de *coisas*, ela é obrigada a voltar-se para a linguagem analógica. Isso vale em particular quando falamos de algo de que não temos experiência direta – temos de pensar por analogia ou então desistir do pensamento. Pode até ser perigoso, da mesma forma como deve ser inadequado, usar analogias humanas para interpretar a Deus, mas somos obrigados a fazê-lo. Não temos outro meio de interpretar o que quer que seja.

Os céticos costumam queixar-se de que foi o homem quem fez Deus à sua imagem; pela lógica, eles deveriam ir mais longe (e muitos o fazem mesmo) e constatar que o homem transformou a existência toda à sua própria imagem. Se a tendência ao antropomorfismo é uma boa razão para se recusar a pensar sobre Deus, esse é um motivo não menos apropriado para se recusar a pensar sobre a luz, as ostras ou os navios de guerra. Pode até ser perigoso, mais do que apenas inadequado, interpretar a mente de nosso cão de estimação por analogia à nossa. Não temos como penetrar diretamente na natureza de um cachorro. Por trás de seu olhar apelativo e do abanar de sua cauda encontra-se um mistério tão inescrutável quanto o mistério da Santíssima Trindade. Mas isso não nos impede de atribuir sentimentos e ideias ao cão a partir de uma analogia com a nossa própria experiência; e nosso comportamento em relação ao cão, que é controlado por essa espécie de adivinhação experimental, surte efeitos práticos que, até onde podemos experimentá-los, são bastante satisfatórios.

O mesmo vale para o físico que, ao esforçar-se por interpretar a estranha estrutura do átomo, vê-se obrigado a tomá-la ora como uma "onda", ora como "partícula". Ele sabe muito bem que ambos os termos são analógicos, que são metáforas, um "pensamento por imagem", e que, como ilustrações, são incompatíveis e mutuamente contraditórios. Mas nem por isso ele precisa abster-se de utilizá-los no que possam ser úteis para seus fins. Se ele fosse esperar até que pudesse ter experiência imediata do átomo, teria de esperar até que ele mesmo fosse libertado da estrutura geral do universo.⁵ Nesse meio tempo, desde que ele se lembre de que a linguagem e a observação são funções humanas, que se submetem às limitações da humanidade em todos os pontos, ele pode conviver muito bem com elas e realizar pesquisas promissoras a partir delas. Queixar-se de que o homem mede a Deus por sua própria experiência é perda de tempo, já que o homem mede todas as coisas por sua própria experiência, não há outro critério possível para ele.

Temos, então, várias analogias pelas quais procuramos interpretar para nós a natureza de Deus como ele é conhecido pela nossa experiência. Às vezes, falamos de Deus como de um rei, usando metáforas derivadas dessa analogia. Falamos, por exemplo, de seu reino, sua lei, seu domínio, seu ministério e seus soldados. Falamos dele ainda com grande frequência como um pai e achamos perfeitamente legítimo discutir a "paternidade" de Deus a partir da analogia com a paternidade humana. Esse modo particular de "pensamento por imagem" era um dos mais apreciados por Cristo, e tem-se imprimido de forma indelével na própria liturgia e na doutrina cristãs: "Deus-Pai Todo-Poderoso"; "como um pai, ele se compadece de seus filhos"; "vosso Pai Celeste tem cuidado de vós"; "filhos de Deus"; "o Filho de Deus"; "todos quantos são guiados pelo Espírito de Deus são filhos de Deus"; "Eu me levantarei e irei ter com o Pai"; "Pai nosso que estais no Céu".

Nos livros e sermões que expressam a relação entre Deus e a humanidade, sob a ótica da paternidade humana, dizemos que assim como um pai é amável, cuidadoso, altruísta e tolerante no trato com seus filhos, assim é Deus em suas relações com os homens. Dizemos ainda que existe uma verdadeira semelhança essencial entre Deus e os homens, da mesma forma que entre um pai e seus filhos; e que, porque somos filhos de um Pai, temos de olhar para todos os homens como nossos irmãos.

Quando usamos essas expressões, sabemos perfeitamente bem que elas são metáforas e analogias; e mais, sabemos perfeitamente bem onde a

---

[5] A pesquisa investigativa nos obriga a pensar muito além dos limites da imaginação. As fórmulas atuam como meio de expressar as novas descobertas, mas a imaginação é incapaz de veicular todo o escopo daquela realidade particular à nossa mente. O confiante "isso se dá assim" acaba reduzido ao hesitante "isso parece se dar assim". Ora um processo pode parecer ocasionado ora por grandes ondas, ora por partículas minúsculas, dependendo do ângulo a partir do qual é visto. Se formos dispensar as fórmulas para expressar uma generalização científica, só o que nos restará será a analogia. Johan Huizinga, *Nas Sombras do Amanhã*.

metáfora começa e onde termina. Não supomos nem por um instante que Deus tivesse filhos da mesma maneira como um pai humano os tem e estamos bastante conscientes de que os pregadores que usam a "metáfora" do pai não pretendem nem esperam obter uma interpretação assim perversa de sua linguagem. Nem tampouco (a menos que sejamos mesmo muito tolos) vamos deduzir dessa analogia que seja preciso imaginar Deus como um pai cruel, negligente ou imprudente, como podemos observar certos pais na vida cotidiana; muito menos, que *todas* as atividades de um pai humano possam ser atribuídas a Deus, como ganhar dinheiro para o sustento da família, ou exigir que ele seja o primeiro a utilizar o banheiro pela manhã. Nosso próprio bom senso garante no nosso íntimo que a metáfora seja inferida do melhor tipo de pai, agindo dentro de uma esfera limitada de comportamento humano, e que ela deve ser aplicável apenas a um número bem definido de atributos divinos.

Fiz essas observações muito simples sobre as limitações da metáfora como um lembrete, porque o presente livro é uma análise de metáforas usadas para designar a Deus, e porque é bom nos lembrarmos delas antes de começarmos a falar da maneira como a linguagem metafórica – isto é, toda a linguagem – deve ser usada da forma adequada. Trata-se de uma expressão da experiência e da relação entre uma experiência e outra. Além do mais, o seu significado só pode ser provado pela experiência. Dizemos com frequência: "Antes de eu ter passado por aquela experiência, não conhecia o *significado* da palavra medo (ou amor, ou raiva, ou seja lá o que for)". A língua, que tinha sido meramente pictórica, é transformada em experiência, e então temos conhecimento imediato da realidade por trás da imagem.

As palavras com as quais deparamos nos credos nos são apresentadas, aos olhos e ouvidos, como imagens; nós não as apreendemos como demonstrações da experiência. É só quando a nossa própria experiência é posta em relação com a experiência dos homens que escreveram os credos que somos capazes de dizer: "Eu reconheço isso como uma declaração de experiência, e agora entendo o que significam essas palavras".

As declarações analógicas de experiência que eu gostaria de examinar aqui são as utilizadas pelos credos cristãos para referir-se ao Deus Criador.

E pergunta-se, antes de tudo, se a metáfora do "Deus Criador" tem o mesmo sentido que a do "Deus Pai", que é claramente metafórica. À primeira vista, parece que não. Sabemos o que é um pai humano, mas o que seria um criador humano? Sabemos muito bem que o homem não pode criar no sentido absoluto em que entendemos a palavra quando a aplicamos a Deus. Dizemos que "Ele criou o mundo do nada", mas não temos como criar qualquer coisa que seja do nada. Só o que podemos fazer é rearranjar as unidades inalteráveis e indestrutíveis da matéria no universo e reconstruí-las de novas formas. Podemos dizer de forma razoável que, com a metáfora "pai", estamos partindo do conhecido para o desconhecido; enquanto na metáfora do "criador" estamos partindo do desconhecido para o incognoscível.

Mas, ao afirmar isso, estaremos ignorando a natureza metafórica de toda a linguagem. Usamos a palavra "criar" para indicar a extensão e a amplitude de algo que conhecemos, e limitamos a aplicação da metáfora precisamente da forma como limitamos a aplicação da metáfora da paternidade. Sabemos o que é um pai e podemos imaginar como seria um Pai ideal, da mesma forma que sabemos o que é um "criador" humano e podemos imaginar como seria um "Criador" ideal. Se a palavra "Criador" não significasse algo relacionado à nossa experiência humana, então não teria significado algum. Nós a estendemos ao conceito de um Criador capaz de criar algo do nada; nós a limitamos para excluir a ideia do uso de ferramentas materiais. Trata-se de uma linguagem analógica simplesmente porque é a linguagem humana, e ela está relacionada à experiência humana pelo mesmo motivo.

Essa metáfora em especial tem sido muito menos estudada do que a metáfora do "Pai". Isto se deve em parte à consagração do uso particular que Cristo fazia da imagem da paternidade divina, e em parte ao fato de que a maioria de nós tem uma experiência muito limitada com o ato de criação. A verdade é que todos nós somos "criadores" no sentido mais simples do termo. Passamos nossas vidas compondo diferentes matérias em novos padrões e "criando", assim, formas que não existiam até então. Essa é uma função tão íntima e universal da natureza que raramente refletimos sobre ela. Em certo sentido, até mesmo esse tipo de criação é "criação a partir do nada". Apesar de não podermos criar a matéria, criamos o tempo todo entidades novas e singulares por meio do rearranjo. Por mais que um milhão de botões, fabricados por uma máquina, possam ser exatamente iguais, eles não são o *mesmo* botão, cada ato separado de criação faz surgir uma entidade no mundo que não existia até então. No entanto, sabemos que esse não passa de um tipo muito pobre e restrito de criação. Reconhecemos que a realização de um trabalho individual e original é uma experiência das mais ricas.

Por meio de uma metáfora vulgar, mas correspondente a uma experiência genuína, somos capazes de referir-nos a um chapéu ou a um vestido, confeccionado para servir de modelo, como uma obra de "criação": ele é único, não apenas pela sua entidade, mas pela sua individualidade. Outro exemplo de comparação natural se dá quando conferimos num bife bem preparado a perfeição de uma "obra de arte", e com essas palavras reconhecemos uma analogia ao que sentimos instintivamente como uma espécie ainda mais satisfatória de "criação".

Mas o artista, mais do que os demais homens, é capaz de criar algo do nada. O todo do trabalho artístico é incomensuravelmente maior do que a soma de suas partes.

> Mas eis aí o dedo de Deus, um lampejo de vontade que, veja!
> Pode existir por trás de todas as leis que se fizeram, e eis que elas são!
> E eu não sei se tal dom ao homem permitido seja.
> A não ser que de três sons ele não crie um quarto som,
> mas uma estrela.
>
> Considere-o bem: cada tom da nossa escala é em si sem valor.
> Está por todo o mundo – alto, suave, e tudo o que se diz:
> Dê-me, quero usar! Eu o misturo a outros dois no meu pensar:
> E eis aí! Temos visto e ouvido: considere-o e curve a cerviz![6]

"Eu o misturo a outros dois *no meu pensar*"; esta não é nada mais do que a constatação da experiência universal de que a obra de arte tem existência real para além da sua transposição em forma material. Sem o pensamento, por mais que as partes materiais já possam estar presentes há tempos, a forma não existe nem poderia existir. A "criação" não é um produto da matéria, e não é simplesmente um rearranjo da matéria. A quantidade de matéria no universo é limitada, e seus rearranjos possíveis, embora a soma deles equivalha a valores astronômicos, também são limitados. Mas essa limitação de números não se aplica à criação de obras de arte. O poeta não é obrigado, por assim dizer, a destruir o material de um *Hamlet* a fim de criar um *Falstaff*, ao contrário do carpinteiro, que é obrigado a destruir a forma do tronco da árvore a fim de criar uma forma de mesa. Os componentes do mundo material são fixos; os do mundo da imaginação se expandem por um processo contínuo e irreversível, sem qualquer

---

[6] Robert Browning, *Abt Vogler*.

destruição ou rearranjo do que se passou antes. Isso representa o máximo que podemos nos aproximar da experiência de "criação a partir do nada", e concebemos o ato de criação absoluta como análogo ao do artista criativo. Assim, Berdiaev é capaz de dizer: "Deus criou o mundo pela imaginação".

A experiência da imaginação criativa do homem ou da mulher comum e do artista é a única maneira pela qual podemos entender e formular o conceito de criação. Não podemos formar nenhuma noção de como algo possa vir a ser senão pela nossa própria experiência de procriação e criação. Assim, as expressões "Deus Pai" e "Deus Criador" são vistas como pertencentes à mesma categoria, isto é, analogias com base na experiência humana, limitadas ou ampliadas por um processo mental semelhante em ambos os casos.

Se tudo isso for verdade, então é para os artistas criativos que devemos nos voltar, naturalmente, para uma exposição do que se *entende* por aquelas fórmulas de profissão de fé que tratam da natureza da Mente Criativa. Ao que parece, a verdade é que raramente os consultamos sobre o assunto. Poetas muitas vezes têm comunicado, pelo seu próprio meio de expressão, verdades idênticas às verdades dos teólogos; mas, precisamente por causa dessa diferença nos modos de expressão, muitas vezes não conseguimos enxergar a identidade dessas declarações. O artista não reconhece que as frases dos credos pretendem ser observações de fato sobre a mente criativa *enquanto tal*, incluindo a dele; enquanto o teólogo, limitando a aplicação das suas sentenças ao Criador divino, deixa de perguntar ao artista que tipo de luz ele pode lançar sobre elas quanto à sua própria compreensão imediata da verdade. Essa é a mesma situação que se daria, por exemplo, entre duas pessoas que estivessem discutindo ferozmente se havia um rio em uma determinada localização, ou se, pelo contrário, haveria lá um volume mensurável de H_2O, movendo-se em determinada direção, com uma velocidade determinável, e nenhuma das duas tivesse a mais leve suspeita de que estavam descrevendo o mesmo fenômeno.

Nossas mentes não são infinitas e, com o aumento do volume de conhecimento neste mundo, tendemos a nos limitar progressivamente cada um à sua esfera de interesse especial e à metáfora especializada que lhe pertence. O viés analítico dos últimos três séculos tem incentivado muito essa tendência, sendo que hoje em dia é muito difícil para o artista falar a língua do teólogo; ou o cientista, a língua de qualquer um dos dois. Mas essa experiência deve ser empreendida e há sinais por todo lado de que a mente humana está novamente começando a se mover rumo a uma síntese de experiência.

CAPÍTULO 3

IDEIA, ENERGIA, PODER

[...] porque a imagem da Trindade foi feita no homem, para que dessa maneira o homem fosse a imagem do Deus único, verdadeiro.
Santo Agostinho, *A Trindade*

A Deus, como divindade, não pertence nem a vontade, nem o conhecimento, nem a manifestação, nem qualquer coisa que possamos nomear, ou dizer, ou conceber. Mas a Deus, como Deus, cabe expressar-se, e conhecer e amar a Si mesmo e revelar-se a Si mesmo; e tudo isto ainda sem qualquer criatura [...] E, mesmo sem a criatura, isso é essencial e original em Seu próprio Ser, ainda que não se manifeste ou seja forjado por meio de realizações. Agora, é da vontade de Deus que isso seja exercido e revestido de uma forma [...] e isso não pode acontecer [...] sem a criatura.
Teologia Germânica

No pensamento, o sentido da definição e seu conhecimento dos personagens estão presentes simultaneamente. Na escrita, alguns desses elementos terão de ser transmitidos em sequência.
J. D. Beresford, *Writing Aloud*

Creio que dentre todos os dogmas cristãos, a doutrina da Trindade seja a mais taxada de obscurantismo e afastamento da experiência comum. Não importa se o teólogo a exalte como o esplendor da luz invisível ou o cético a ridicularize como um horror à grande escuridão, há uma conspiração geral para supor que seu efeito sobre quem a contemple seja o da cegueira, quer por falta, quer por excesso de luz. Há alguma verdade nessas suposições, mas há também uma grande dose de exagero. Deus é misterioso, mas isso também vale para o universo, para a raça humana, para nós mesmos, e até para o caracol à beira do caminho, mas nada disso é tão misterioso que não possa corresponder a nada nos limites do conhecimento humano. Há pessoas, é claro, que cultivam o mistério pelo mistério mesmo: Agostinho de Hipona, que não era nenhum obscurantista, trata-as com rigor:

> A Sagrada Escritura, que pode ser entendida até pelas crianças, não evitou se servir de palavras tiradas de coisas realmente existentes, através das quais, como no caso da nutrição, a nossa compreensão pode elevar-se gradualmente até as coisas divinas e transcendentes [...]. Mas ela não designou quaisquer palavras de coisas completamente inexistentes, com as quais tenha estruturado figuras de linguagem ou frases enigmáticas. Portanto, aqueles que, na discussão acerca de Deus, se esforçam para transcender toda a criação, são mais perniciosos e improfícuos do que seus semelhantes, à medida que suas suposições a respeito de Deus inventam coisas que não podem encontrar nem em si mesmos, nem em qualquer criatura.[1]

Ele prossegue seu grande tratado expondo a doutrina analogicamente, insistindo sempre no apelo à experiência. Ele diz, com efeito, que "numa estrutura trinitária do ser não há nada que para nós seja incompreensível ou desconhecido; conhecemos muitas coisas desse tipo dentro do universo criado. Há, por exemplo, uma trindade da visão: a forma vista, o ato de ver, e a atenção mental que correlaciona as duas coisas. Essas três coisas, ainda que teoricamente separáveis, estão inseparavelmente presentes sempre que se usa o poder da visão. O pensamento, por sua vez, é uma trindade inseparável de compreensão, memória e vontade.[2] Este é um fato do qual se está bastante consciente, mas nenhum conceito da trindade na unidade em si apresenta qualquer dificuldade insuperável para a imaginação humana".

Talvez possamos até afirmar que a estrutura trinitária da atividade seja misteriosa para nós, precisamente pelo fato de ser universal – assim como a estrutura das quatro dimensões do espaço-tempo é misteriosa para nós porque não temos como sair dela e contemplá-la de fora. Já o matemático pode, até certo ponto, realizar a proeza intelectual da observação do espaço-tempo a partir de fora. Podemos, similarmente, convidar o artista criativo a se desligar de sua própria atividade o suficiente para pesquisar e descrever a sua estrutura tríplice.

---

[1] Santo Agostinho, *A Trindade*, Livro I, cap. I, 26.

[2] Cf. Eddington, *Philosophy of Physical Science*: "Não se trata tanto de uma sensação única estritamente separável da emoção, da memória e da atividade intelectual em que ocorre; nem é rigorosamente separável da vontade que direciona a atenção para ela e do pensamento que incorpora conhecimentos verdadeiros a ela".

Para efeito da presente análise, vou ater-me à mente do escritor criativo, tanto porque estou mais familiarizada com seu funcionamento do que com o da mente de outros artistas, quanto porque, assim, posso evitar a confusão que traria um grande número de orações começando com "e" e "ou"... Mas, *mutatis mutandis*, o que é verdade para o escritor é verdade também para para o pintor, para o músico e todos os trabalhadores da imaginação criadora, sob qualquer que seja a forma. Por "escritor" entende-se naturalmente o escritor ideal, quando engajado no ato da criação artística; da mesma forma como por pai entendemos sempre o pai ideal, quando no exercício de funções paternais e em nenhuma outra atividade. Mas não se deve imaginar que algum escritor humano possa algum dia trabalhar com a perfeição ideal. No capítulo 10 deste livro, tentarei apontar o que acontece quando a trindade do escritor não está conformada visivelmente com a lei da sua própria natureza – pois também nesse caso, como sempre, há um julgamento do comportamento que contraria a lei.

Já que este capítulo, e na verdade todo este livro, é uma expansão do discurso de encerramento de São Miguel em minha peça *The Zeal of Thy House* [O Zelo da Tua Casa], talvez fosse conveniente citar aqui o discurso:

> Pois toda obra (ou ato) de criação é tríplice, uma trindade terrestre que reflete a trindade celestial.
>
> Em primeiro lugar (não no tempo, mas apenas por ordem de enumeração), há a Ideia Criativa, livre das paixões, atemporal, que contempla toda a obra completa de uma só vez, o fim no princípio, e esta é a imagem do Pai.
>
> Em segundo lugar, há a Energia Criativa (ou Atividade) concebida por essa ideia, que trabalha no tempo desde o começo até o fim, com suor e paixão, sendo encarnada nos laços da matéria, e esta é a imagem da Palavra.
>
> Em terceiro, há o Poder Criativo, o significado do trabalho e seu respaldo na alma viva, e esta é a imagem do Espírito que habita nela.
>
> E esses três são um, tendo cada um igualmente toda a obra em si, mas nenhum pode existir sem o outro: e esta é a imagem da Trindade.

Dessas sentenças, a que apresenta maior dificuldade ao ouvinte é a que trata da Ideia Criativa. (A palavra é usada aqui não no sentido do filósofo, em que a "Ideia" tende a ser equacionada com a "Palavra", mas simplesmente no sentido pretendido pelo escritor, quando diz: "Eu tive uma ideia para um livro").³ O homem comum será capaz de dizer: "Achei que você começasse pela coleta de material e pelo trabalho no enredo". A confusão aqui não se dá meramente com as expressões "em primeiro lugar" e "começar". Na verdade a "Ideia" – ou melhor, a percepção que o escritor tem de sua própria ideia – precede qualquer trabalho mental ou físico sobre os materiais ou no decurso da história temporal. Mas, independentemente disso, a própria formulação da Ideia na mente do escritor não é a Ideia em si, mas a sua autoconsciência na Energia. Tudo o que é consciente, tudo o que tem a ver com a forma e o tempo, pertence à atuação da Energia, ou atividade, ou "Palavra". Mas não se pode dizer que a Ideia preceda a Energia no tempo, porque (ao menos no que diz respeito ao ato de criação) é a Energia que cria o processo temporal. Essa é a analogia do versículo teológico que diz que "no princípio a Palavra estava com Deus" e foi "eternamente gerado do Pai". Isto é, se o ato tem um início no tempo, isso se deve à presença da Energia ou Atividade. O escritor não pode sequer conscientizar-se da sua Ideia a não ser pela atuação da Energia, que a formula para ele mesmo.

Assim sendo, como saber se a ideia tem qualquer existência real em si, à parte da Energia? Por estranho que pareça, é precisamente pelo fato de a própria Energia ser consciente de que se refere, por todos os seus atos, a um todo existente e completo. Em termos teológicos, o Filho realiza a vontade do Pai. É simples assim: qualquer episódio ou sentença ou palavra que se escolha deve obedecer ao plano do livro todo, que se revela existente com base já nessa escolha. Essa verdade, que é difícil de transmitir sob forma de explicação, fica bastante clara e evidente na experiência. Ela se manifesta de forma suficientemente clara quando o escritor diz ou pensa: "Esta ou aquela é a frase certa" – o que significa que uma frase corresponde ou não à realidade da Ideia.

Além disso, mesmo que o livro – ou seja, a atividade de escrever o livro – seja um processo posto no espaço e no tempo, o escritor tem consciência de que se trata *também* de um todo completo e atemporal, "o fim estando já no começo", e este conhecimento está sempre com ele, ao escrevê-lo e

---

³ Do mesmo modo, é claro, a "Energia" não deve ser entendida em sentido técnico, ou físico (por exemplo, de Massa x Aceleração x Distância); ou o "Poder", no sentido do engenheiro (isto é, de força aplicada). Ambas essas palavras são usadas no sentido pretendido pelo poeta e pela média das pessoas.

depois de tê-lo concluído, da mesma forma como já estava lá no começo. Isso não muda nem é afetado pelas lutas e dificuldades de composição; o escritor também não se apercebe do livro como mera sucessão de palavras e situações. A Ideia do livro é uma coisa em si, independentemente de sua consciência ou sua manifestação em forma de Energia, embora continue a ser verdade que a Ideia não pode ser conhecida como uma coisa em si, a menos que a Energia a revele. A Ideia é, assim, atemporal e desprovida de partes e paixões, embora nunca seja vista, nem pelo escritor nem pelo leitor, senão sob a perspectiva de tempo, partes e paixão.

A Energia em si é um conceito mais fácil de entender, porque é a coisa da qual o escritor está consciente e que o leitor pode ver quando se manifesta em forma material. Ela é dinâmica – a soma e o processo de cada atividade que traz o livro à existência temporal e espacial. "Tudo foi feito por meio dela e sem ela nada do que foi feito se fez." A ela pertence tudo o que pode ser incluído sob a palavra "paixão" – sentimento, pensamento, trabalho, problemas, dificuldades, escolhas, o triunfo, todos os acidentes presentes em uma manifestação no tempo. A Energia é criadora, no sentido em que o homem comum entende a palavra, porque ela traz uma expressão em forma temporal da Ideia eterna e imutável. É isso que o escritor entende por "escrever um livro", e inclui a manifestação do livro em forma material, embora não se limite a ela. Teremos mais a dizer sobre isso nos próximos capítulos. No momento, o que estou interessada em deixar claro é que se trata de algo distinto da Ideia em si, embora seja a única coisa que pode tornar a Ideia conhecida a si própria ou aos outros; e trata-se, ainda (no ato criativo ideal que estamos considerando), de algo substancialmente idêntico à Ideia – "consubstancial ao Pai".

O Poder Criativo é a terceira "Pessoa" da trindade do escritor. Não se trata da mesma coisa que a Energia (que, para efeito de maior clareza, talvez eu devesse ter chamado de "Atividade"), embora parta da Ideia e da Energia tomadas em conjunto. É a única coisa que flui de sua própria atividade de volta para o escritor, tornando-o, por assim dizer, o leitor de seu próprio livro. E é claro que também é o meio pelo qual a Atividade é comunicada a outros leitores, produzindo neles uma resposta correspondente. Na verdade, do ponto de vista dos leitores, isso *é* o livro. Por meio dele, os leitores percebem o livro tanto como um processo no tempo quanto como um todo eterno, que lhes dá resposta de forma dinâmica. É nesse momento que começamos a entender o que Santo Hilário quis dizer sobre a Trindade com: "A Eternidade está no Pai, a forma na Imagem, e o uso, no Dom".

Enfim, "esses três são um, cada qual sendo igualmente em si a obra toda: nenhum pode existir sem o outro". Quando se pergunta a um escritor o que é para ele "o livro real" – se é a sua Ideia, se é a sua Atividade em escrevê-lo ou se é o Poder de seu retorno para ele mesmo –, o escritor não sabe o que responder, pois para ele essas coisas são essencialmente inseparáveis. Cada uma delas é, individualmente, o livro completo; ainda assim, todas elas coexistem no livro completo. Ele pode até, por um ato do intelecto, "distinguir as [três] pessoas", mas não pode, de jeito nenhum, "dividir a substância". Como poderia? Ele não pode entender a Ideia senão pelo Poder que interpreta para ele a sua própria Atividade. E ele só conhece a Atividade uma vez que ela revele a Ideia no Poder; ele só entende o Poder pela revelação da Ideia na Atividade. Tudo o que ele pode dizer é que esses três estão presentes de forma igual e eterna em seu próprio ato da criação e, em cada um destes momentos, tenha ou não o ato se manifestado na forma de um livro escrito e impresso. Essas coisas não se confinam à manifestação material: elas existem na mente criativa em si – ou melhor, elas *são* a própria mente criativa.

Talvez eu devesse enfatizar um pouco mais este ponto. Toda a relação complexa que venho tentando descrever poderia ficar inteiramente na esfera da imaginação, onde é plena. A Trindade habita e trabalha e é sensível a si mesma "nos Céus". Sendo assim, um escritor poderia até dizer: "Meu livro está pronto, só tenho de escrevê-lo", ou, até, "Meu livro já está escrito, só tenho de colocá-lo no papel". A existência do ato criativo não depende, portanto, de sua manifestação em uma criação material. A afirmação precipitada de que "Deus precisa de Sua criação, tanto quanto a Sua criação precisa Dele" não é uma analogia real da mente do criador humano.

Entretanto, é verdade que o desejo urgente da mente criativa se volta para a sua expressão em forma material. O escritor, ao pôr o seu livro no papel, está expressando a liberdade de sua própria natureza em conformidade com a lei do seu ser; e nós defendemos, a partir daí, que a criação material é expressão da natureza da Imaginação Divina. Poderíamos, quem sabe, até dizer que a criação de uma forma ou de outra seja necessária para a natureza de Deus; o que não podemos dizer é que esta ou qualquer outra forma de criação seja necessária para Ele. A coisa encontra-se completa na Sua mente, não importa se Ele a escreve ou não. Dizer que Deus depende de Sua criação da forma como um poeta depende de seu poema escrito é abusar da metáfora: o poeta não faz nada dessa natureza. Escrever um poema (ou, naturalmente, dar-lhe forma material falada ou musical) é um ato de amor do poeta para com o seu próprio ato imaginativo e para com os seus semelhantes. Trata-se de um ato social, mas o poeta é, antes de tudo, sua própria sociedade, e continuaria a ser poeta, mesmo que os meios de expressão material fossem por ele rejeitados ou a ele negados.

Neste capítulo, usei, e devo usar novamente, expressões que para as pessoas criadas no meio "científico" podem parecer antiquadas. Os cientistas estão cada vez mais cautelosos acerca do uso de quaisquer formas de linguagem. Palavras como "ideia", "matéria", "existência" e seus derivados tornaram-se suspeitas.

> Velhas verdades tiveram de ser abandonadas, expressões gerais do cotidiano, que considerávamos chaves para a sua compreensão, agora já não cabem mais na fechadura. Evolução sim, mas tenha muito cuidado com ela, pois se trata de um conceito um tanto rançoso. A imutabilidade dos elementos [...] já não existe. A origem [...] como um todo é um conceito com o qual há pouco que fazer. Ela se desfaz ao menor uso. Leis naturais [...] com certeza, mas é melhor não falar muito da sua validade absoluta. Objetividade [...] ainda estamos comprometidos com ela, e também com o nosso ideal, mas a sua realização perfeita não é possível, ao menos no que tange às ciências sociais e humanas.[4]

Essa dificuldade com que se deparam os cientistas, obrigando-os a fugir para as fórmulas, é resultado de uma incapacidade de compreender ou aceitar a natureza analógica da linguagem. Os cientistas gastam tempo e esforço na tentativa de desembaraçar as palavras de suas associações metafóricas e tradicionais. Essa tentativa é fadada a provar-se vã, uma vez que contraria a lei da natureza humana.[5] A confusão e a dificuldade aumentam ainda mais com a obsessão do mundo moderno pelo conceito de progresso. Este conceito – que agora está se tornando rapidamente tão precário quanto os outros citados por Huizinga, impõe à mente humana duas "sugestões" (no sentido hipnótico). A primeira é que qualquer invenção ou ato criativo

---

[4] Johan Huizinga, *Nas Sombras do Amanhã*.

[5] Ver nota "A" no final deste capítulo.

necessariamente tende a superar uma criação anterior. Isso pode ser verdadeiro em relação a invenções mecânicas e fórmulas científicas: podemos dizer, por exemplo, que o tear mecânico supera o tear manual, ou que a física de Einstein superou a física newtoniana, se pretendemos que isso faça algum sentido. Mas não faz nenhum sentido dizer que *Hamlet* tenha "superado" *Agamenon*; ou que "vocês que estiveram comigo nos navios em Mylae", de Eliot, tenha invalidado "*en la sua voluntade è nostra pace*" de Dante, ou "*tendebantque manus ripae ulterioris amore*", de Virgílio.

O que é posterior deixa as realizações anteriores intactas e imutáveis; o que estava por cima permanece no auge até o fim dos tempos.

A segunda sugestão é que uma invenção que tenha sido gerada e se tornado pública por um ato criativo eleva todo o entendimento humano ao nível de tal poder inventivo. Isso não é verdade, nem mesmo dentro do seu próprio campo de aplicação. O fato de que qualquer criança de escola de hoje seja capaz de usar logaritmos não a eleva ao nível intelectual daquela mente que foi a primeira a conceber o método do cálculo logarítmico. Mas o absurdo dessa sugestão torna-se ainda mais óbvio quando consideramos as artes. Se um ensino implacável da linguagem de Shakespeare pudesse produzir uma nação de "Shakespeares", todo inglês seria um gênio dramático. Na verdade, tudo o que essa educação pode fazer é melhorar um pouco o aparato geral de mecanismos linguísticos e assim aplainar o caminho para o surgimento do gênio, que continuará raro e imprevisível. Na verdade, o gênio não está sujeito à "lei" do progresso, o que põe ainda mais em dúvida se o progresso pode ser considerado uma "lei".

Por essas razões, não precisamos nos desequilibrar com nenhuma sugestão de que as metáforas mais antigas estejam superadas e devam ser substituídas. Basta lembrar que elas são e sempre foram metáforas, e que continuarão "vivas" assim que as usarmos para interpretar a experiência direta. As metáforas só se tornam mortas quando as imagens substituem a experiência e o debate passa a ser desenvolvido numa esfera de abstração, sem estar estreitamente relacionado com a vida.

No que tange às metáforas usadas pelas confissões de fé cristãs a respeito da mente do criador, o artista criativo pode dar-se conta de uma relação verdadeira com sua própria experiência; e sua tarefa é registrar o fato desse reconhecimento, usando qualquer outra metáfora que o leitor possa compreender e aplicar.

NOTA "A" – A NATUREZA ANALÓGICA DA LINGUAGEM

Suponha que eu dissesse de repente "Ai, ai". Essa interjeição transmitirá a você exatamente o que era para ser veiculado pela frase: "Está doendo". Isso tem a grande vantagem de não tocar em qualquer teoria psicológica sobre o ocorrido que implicasse um conhecimento que não fosse inteiramente derivado da percepção direta, como demandaria qualquer tentativa de descrição mais precisa. Normalmente, a interjeição é involuntária; mas é uma pena que não possamos usar deliberadamente uma expressão que veicula tão bem o que pretendíamos dizer e nada mais do que isso. O que transmitimos a outra pessoa por meio da interjeição "Ai, ai!" é um elemento típico do conhecimento adquirido pela percepção direta.
    Sir Arthur Eddington, *The Philosophy of Physical Science*

É digno de nota que algumas escolas de poesia da presente era "científica" (por exemplo, expressionistas, dadaístas, surrealistas) parecem sofrer precisamente deste mesmo constrangimento ao lidar com a natureza analógica da língua, e fazem o maior esforço para veicular toda a consciência da experiência pela interjeição "Ai, ai!". Esta tentativa de fugir da tradição e da natureza de seu próprio instrumento é de valor bastante duvidoso.
    Johan Huizinga, *Nas Sombras do Amanhã*, cap. 18: "Arte e Literatura"

CAPÍTULO 4

A ENERGIA REVELADA NA CRIAÇÃO

> *Nós contemplamos, portanto, com os olhos da mente, aquela verdade eterna da qual todas as coisas temporais são feitas, a forma de acordo com a qual nós existimos e de acordo com a qual fazemos qualquer coisa com a motivação verdadeira e certa, seja em nós mesmos, seja nas coisas corpóreas, e adquirimos daí o conhecimento verdadeiro das coisas, como se fosse uma palavra dentro de nós, e, falando, nós a concebemos a partir de dentro; e o seu nascimento não a afasta de nós. E quando falamos com os outros, aplicamos à palavra que permanece dentro de nós o serviço da voz ou de algum sinal corpóreo, de modo que, por algum tipo de lembrança sensível, alguma coisa similar possa ser e ressoar também na mente daquele que ouve; de forma similar, afirmo o seu não afastamento da mente daquele que está falando... E essa palavra é concebida em amor, seja no da criatura, seja no do Criador, isto é, seja no da natureza mutante, seja no da verdade imutável.*
>
> Santo Agostinho, *A Trindade*

Assim que a mente do criador se faz manifesta em uma obra, estabelece-se uma via de comunicação entre outras mentes e a dele. Em outras palavras, ao ler um livro, é possível para o leitor descobrir algo a respeito da mente do seu autor. E é interessante constatar como, em um plano inferior, é possível encontrar as mesmas dificuldades e mal-entendidos que se encontram no estabelecimento da comunicação com Deus no caso aparentemente mais simples da relação entre o escritor e o leitor. O principal enigma que confunde o homem comum é o paradoxo que os teólogos formulam na afirmação de que "Deus é, ao mesmo tempo, imanente e transcendente". Será verdade, como afirmam os panteístas, que o criador é simplesmente a soma de todas as suas obras ou será que, no outro extremo, ele é algo tão completamente separado da obra que realizou e tão inescrutável em si mesmo, que a obra não nos possa fornecer nenhum indício de sua personalidade?

Se formulássemos uma pergunta assim e a aplicássemos analogicamente a um escritor, a maior parte das pessoas prontamente concordaria que ambas as hipóteses são obviamente falsas. Não podemos pôr as mãos em um exemplar volumoso de peças de Shakespeare, afirmando que aquilo seja só o que existe, já existiu e jamais existirá de William Shakespeare. Para além das realizações particulares de Shakespeare, sabemos muito bem que sua mente continha matéria-prima em potencial para muitas outras peças, que presumivelmente se encontravam dentro do horizonte de sua imaginação e que nunca se manifestaram na forma escrita. A mente de Shakespeare, como devemos prontamente reconhecer, transcende a sua obra – isto é, a sua obra não se limita a alguma peça isolada ou a algum personagem daquela peça. A ideia de que isso possa não ser assim (se olharmos sob esse prisma) parece ridícula.

Na prática, porém, somos frequentemente tentados a confinar a mente do escritor à sua expressão por meio de sua criação, ainda mais se isso é conveniente aos nossos propósitos. Tentamos identificá-lo com essa ou aquela parte da sua obra, como se ela pudesse conter toda a sua mente. Agimos assim, de forma ainda mais generalizada e absurda, no caso de peças teatrais. Hamlet, dizemos, "é" o próprio Shakespeare. Ou, então, comentamos: Como dizia Shakespeare, "o mal que os homens praticam vive os perseguindo, / o bem acaba enterrado com os seus ossos" – sem nos referirmos ao fato de que esta observação não foi feita por Shakespeare, pessoalmente, mas posta por ele na boca de um homem que está proferindo um discurso político. Contra R. Browning levanta-se a acusação de otimismo injustificável, surdo e cego ao sofrimento no mundo, em grande parte, por força de "se Deus está no Céu, / tudo vai bem com os homens, na Terra" – que é a canção entoada por Pippa em um poema dramático que trata de forma bastante drástica de adultério, traição, conspiração para cometer assassinato e outros aspectos tão pouco amigáveis da sociedade humana.

Somos bastante ecléticos nessas constatações. Dificilmente alguém justificaria seus piores intentos dizendo: "Como dizia Milton, 'o mal é, entretanto, o meu bem'". Ou concluiríamos que, só porque Shakespeare criou Iago, ele também "era" Iago. Mas estamos propensos a aceitar que, de uma forma ou de outra, um escritor pode ser enquadrado, plagiado ou confinado no interior de seu personagem "favorito", ou em um de seus discursos mais apaixonados.

É claro que o leitor está certo quando diz que um escritor não pode criar um personagem ou expressar um pensamento ou emoção que não se encontre dentro da sua própria mente. (É bom lembrar que estamos lidando com um escritor ideal; sempre é possível para uma pessoa colocar sentimentos e características no papel que não sejam expressões fiéis de si mesmo, mas apenas derivadas. Mas, mesmo nesse caso, ainda que o estereótipo forjado se traia por sua falsidade, ele permanecerá a expressão verdadeira de uma falsidade espiritual intrínseca ao escritor.) Shakespeare é tanto Iago quanto Otelo; ele pode criar tanto um quanto o outro, porque cada um é, até certo ponto, expressão dele mesmo.

Na verdade (para aqueles que se preocupam com o processo da criação verbal), o que acontece na mente do escritor é o seguinte. Ao inventar um personagem, de certa forma, ele separa e encarna nele uma parte vital de sua própria mente. Ele identifica dentro de si algum sentimento poderoso – vamos supor, o ciúme –, então, a sua ação toma a seguinte forma: supondo que esse sentimento se tornasse poderoso a ponto de dominar minha personalidade inteira, como eu me sentiria e como agiria? Na sua imaginação ele se torna, então, essa pessoa ciumenta, pensando-se e percebendo-se de acordo com esse quadro de experiência, de modo que o ciúme de Otelo se torne a verdadeira expressão criativa do ciúme de Shakespeare. Na prática, ele estará aplicando o sistema de investigação empregado pelo Padre Brown, de Chesterton:

> Devo dizer que realmente me vi a mim e ao meu eu real cometendo aqueles crimes [...] devo dizer que fiquei pensando sobre como uma pessoa poderia se tornar assim, até que me dei conta de que na verdade eu já era assim, em tudo, exceto no consentimento final àquela ação.[1]

Nesse sentido, portanto, Shakespeare "é" Otelo, no mesmo sentido que Coriolano e Iago, Lear e Cordélia e qualquer outro personagem de suas peças, desde Hamlet até Caliban. Ou talvez fosse mais de acordo com a realidade dizer que todos esses personagens "são" Shakespeare – ou seja, exteriorizações de alguma parte do "eu" do autor ou da sua própria experiência.

Mas é verdade também, como o leitor crítico há de reconhecer, que o escritor tem personagens "favoritos", que parecem incorporar mais partes,

---

[1] G. K. Chesterton, *The Secret of Father Brown*.

ou partes mais importantes, de sua personalidade do que os demais. Eles são, por assim dizer, os santos e profetas de sua arte, que falam por inspiração. O ato criativo é aqui um ato de extrema delicadeza, e, ao estudá-lo, obtemos uma espécie de luz em relação à complexidade e impenetrabilidade do mundo ao nosso redor. Pois, quando um personagem se torna *meramente* um porta-voz do autor, ele deixa de ser um personagem e deixa de ser uma criatura viva. Mais ainda, se *todos* os personagens falam com a voz de seu autor, a obra perde sua realidade e, com ela, seu poder.

Muitas vezes nós nos queixamos, por exemplo, de que todos os "personagens de Oscar Wilde falam como Oscar Wilde" e, dizendo isso, sabemos que estamos declarando a condenação da sua obra e acusando-a de um tipo de superficialidade e fragilidade que põe em risco a sua pretensão e poder de ser um representante real do Poder Criativo. Isso não se deve inteiramente a certa superficialidade e fragilidade da mente de Wilde – nós nos sentiríamos exatamente da mesma forma em relação à obra na qual todos os personagens falassem como o profeta Isaías. A força vital de uma obra imaginativa demanda certa diversidade dentro de sua unidade; e quanto maior a diversidade, mais intensa a unidade. Aliás, essa, não por acaso, é a fraqueza da maior parte da literatura de "autoajuda" e de "propaganda". Nela não há diversidade. A Energia está ativa apenas naquela parte do todo e, em consequência, a totalidade acaba sendo destruída e o Poder, reduzido. O fato é que não se pode dar a Deus o que Lhe é devido, sem dar o que se deve também ao diabo. Esse estranho paradoxo está associado ao problema do livre-arbítrio entre os personagens, ao qual voltaremos mais adiante. No momento, importa apenas ressaltar o fato de que um trabalho criativo em que todos os personagens reproduzem automaticamente um único aspecto da mente do escritor é um trabalho desprovido de Poder Criativo. Devemos considerar ainda que esse comportamento está associado ao conceito de utopia, e à questão de por que, se era para haver um universo, ele não poderia fazer a vontade do seu Criador de forma automática.

Portanto, se o escritor – dadas as condições conhecidas – pretende transformar em ato a sua força de criação, ele deve permitir que a sua Energia penetre todas as suas criaturas com igual integridade, não importa que porções de sua personalidade elas enfatizem ou incorporem mais. Não deve apenas encontrar uma expressão de sua energética sensibilidade em

Hamlet; sua insensibilidade também deve inserir-se da forma mais efetiva possível em Rosencrantz e Guildenstern. Todos nós temos momentos nos quais desejamos refugiar-nos em convenções para ficar de bem com todo mundo; e momentos assim, se o escritor os incorporar ativamente de forma criativa, irão gerar uma criação verdadeira – breve e trivial, talvez, mas imbuída de poder criativo. Essa é uma necessidade para o escritor, não importa o que ele esteja escrevendo e o quanto de sua multiplicidade venha a expressar-se na criação de um personagem ou apenas na criação de um argumento impessoal.

O escritor torna-se mais consciente dessa necessidade quando, depois de alguns anos investidos em outro tipo de escrita, experimenta escrever para o teatro. Ao escrever um romance, por exemplo, é muito fácil que ele negligencie esse processo de expressão própria, no que tange a personagens menores. Suponhamos que a situação exija um diálogo entre quatro ou cinco pessoas. É provável que o personagem central, tanto quando possível, represente um ato de criação verdadeiro: o autor terá "entrado nele", e suas palavras serão uma expressão viva da emoção e da experiência de seu criador. Mas alguns ou até mesmo todos os demais personagens poderão não passar de bonecos, cuja única função é devolver a palavra ao orador principal. Nesse caso, o ato criativo foi um fracasso, no que tange a esses personagens: não houve encarnação da Energia neles; eles não provocam, como se costuma dizer, um "despertar para a vida", e como resultado do aborto da Energia criativa, nenhum poder fluirá deles ou para eles. Para o leitor e, de fato, para o próprio autor, isso poderá passar despercebido em um romance; mas, ao escrever uma peça, essa falha fica bastante evidente, pois os atores que têm de fazer os papéis menores conscientizam-se imediatamente de que os "personagens" não servem para uma encenação. A Energia não entrou em cena e, em consequência disso, nenhum Poder foi comunicado aos intérpretes. Quando um personagem assim tão pouco energizado se apresenta no palco, qualquer Poder que flua dele para a plateia só pode emanar da Energia do próprio ator, ao "criar" o papel da melhor forma possível e de acordo com a Ideia que ele foi capaz de encontrar, usando os recursos de sua própria mente.

O bom dramaturgo, dotado de senso dramático – isto é, aquele que entende a necessidade de informar todos os seus personagens com sua vitalidade própria –, passa por uma experiência muito curiosa ao escrever um diálogo. Enquanto escreve, ele sente dentro de si uma constante transposição da Energia de um personagem para o outro. Normalmente (creio eu), ele vê o palco com os olhos de sua imaginação; por um ato de visão mental, ele distribui seus personagens de forma apropriada no palco, fazendo com que o centro de sua consciência mude ao longo do processo, de modo que, ao escrever as palavras de João, ele pareça visualizar a peça do ponto de vista de João, ao passo que quando formula a resposta de Maria, ele a veja do ponto de vista de Maria. Ao mesmo tempo, ele sabe muito bem que o seu Poder de resposta está, por assim dizer, sentado na plateia, assistindo a toda a cena do ponto de vista do espectador. Ele também tem noção da Ideia original e dominante, que não liga muito para o palco, mas aceita ou rejeita cada palavra, de acordo com algum esquema eterno de valores, preocupado apenas com a realidade de cada experiência.

É extremamente difícil explicar essa trindade de estados de consciência e essa encarnação multifacetada de atividades àqueles que nunca a experimentaram. Mas, se de alguma forma eu tiver sido bem-sucedida em interpretar a mente do criador, o leitor vai notar que é impossível afirmar que o autor esteja inteiramente representado em qualquer discurso, personagem ou em alguma obra única de sua autoria. É preciso juntá-los primeiro e depois relacioná-los a uma grande síntese de toda a obra, que se mostrará como possuidora de uma unidade própria, à qual cada obra individual está, em última instância, relacionada. Se pararmos por aí, teremos alcançado uma doutrina panteísta da mente criativa. Mas, além disso, a soma de toda obra está relacionada à própria mente que a criou, controlando e relacionando-a à sua própria personalidade criativa. A mente não é a soma de suas obras, por mais que ela as contenha a todas. Embora ela tenha produzido todas as obras sistematicamente, não podemos dizer que ela *seja* sistematicamente cada uma dessas obras. Antes de tê-las criado, a mente incluiu-as a todas em potencial e, depois de tê-las terminado, ela continua incluindo-as. A mente é, ao mesmo tempo, imanente e transcendente em relação a elas.

Entretanto, não tem sentido prosseguir dizendo que as obras não têm nenhuma realidade em si à parte da mente do autor. Embora a sua personalidade inclua a todas e por mais que não haja nada nelas que também não esteja nele, contudo, a partir do momento em que elas são expressas em forma material, terão uma realidade separada *para nós*. E não apenas uma realidade material – isto é, estamos cônscios delas não meramente como certa quantidade de papel impresso, mas como individualidades que exercem tanta influência sobre nós quanto as nossas próprias individualidades exercem umas sobre as outras. Podemos conscientizar-nos delas, sem consciência direta do autor; para colocá-lo de forma ainda mais clara, podemos conhecer a *Ilíada*, e a conhecemos realmente, sem conhecer Homero.

Esse fato não nos impede de forma alguma de nos esforçarmos por conhecer o autor pessoalmente. Homero está fora do nosso alcance, e Shakespeare também é um *deus absconditus* [deus escondido], entretanto fazemos o maior esforço inquisitivo para estabelecer contato com a pessoa dele, por trás e para além da sua obra, bem como dentro dela. Nossas especulações sobre Shakespeare são quase tão multifacetadas e bobas quanto nossas especulações sobre o criador do universo e, como estas, ocupam-se frequentemente com provas de que suas obras não sejam dele, mas de um homônimo.

A comichão por conhecer autores pessoalmente atormenta a maioria de nós; sentimos que, se pudéssemos, de alguma forma, entrar em contato com a própria pessoa, obteríamos dela mais ajuda e satisfação do que das manifestações por ela escolhidas. Em certos casos, podemos até realizar esse desejo e estabelecer um contato real e pessoal com o autor, mas nem o mundo da apreciação literária, nem o mundo da religião podem ser habitados exclusivamente por puros apreciadores. Mas é bom manter em mente que – ao menos quando se trata do criador **humano** – as suas vias preferenciais de revelação *são*, de fato, as suas obras. Insistir em perguntar, como muitos de nós fazemos: "O que você **quis dizer com esse livro?**" significa provocar-lhe o espanto: ora, o próprio **livro é o** que o escritor quis dizer. É inútil esperar que sejamos capazes **de tomar** consciência direta da Ideia – nem mesmo o escritor tem consciência **dela,** a não ser por meio da Energia. Tudo o que ele pode nos comunicar é a Energia, manifesta pelo Poder.

Ocasionalmente, eu me referi aos livros como obras "completas" dos autores. É claro que, no caso do autor humano, que trabalha com a sua mente finita dentro dos limites do tempo e do espaço, é possível **para nós**, de tempos em tempos, contemplar um trabalho que esteja acabado. No **sentido** mais restrito, todo livro é uma coisa completa; em um sentido mais abrangente, podemos dizer, ao final da vida de um autor, que a nossa biblioteca contém as suas "Obras Completas". Temos esse privilégio, porque fazemos parte da mesma categoria de seres que os escritores, de modo que a extensão completa de sua atuação está contida na memória da raça humana.

Mas quando aplicamos a analogia ao trabalho do Criador divino, não podemos encarar as coisas da mesma maneira. Consideramos Deus um autor vivo, cuja extensão de atuação se estende infinitamente além do que a memória da raça humana pode alcançar, em ambas as direções. Nunca veremos a sua grande obra finalizada. Podemos até reconhecer aqui e ali algo que parece ser o final de um capítulo, ou a última página de um volume; ou algum episódio se apresenta a nós como tendo uma espécie de completude e unidade em si mesmo. Há aí de fato uma escola de pensamento que imagina que Deus, depois de ter criado o Seu universo, tenha largado a pena e levantado as pernas para descansar junto à lareira, relegando a sua obra à própria sorte. Isso, entretanto, entraria na categoria agostiniana de figuras de linguagem ou ditos enigmáticos forjados a partir de coisas que nem sequer existem. Simplesmente não temos registro de nenhuma criação que continuasse a criar a si mesma de forma diversa, depois que o Criador mesmo se retirou. A Ideia que está por trás disso é que Deus tenha criado uma imensa máquina e simplesmente a tenha deixado trabalhando, até que ela parasse, por falta de combustível. Essa é outra daquelas analogias ambíguas, já que não temos experiência nenhuma de máquinas capazes de produzir uma diversidade por conta própria: a natureza da máquina é tal que produz a mesma coisa repetidas vezes, até parar. Talvez pudéssemos dar mais força a essa analogia, concebendo a máquina como uma espécie de caleidoscópio, que embaralhasse mecanicamente todas as unidades físicas do universo, até que todas as permutas e combinações tivessem sido feitas, mas tal analogia não dá conta do produto da criatividade humana. Se isso fosse possível, significaria não apenas que a estrutura material de Cervantes teria de ser destruída para produzir a estrutura material de Charles Dickens, mas que a forma espiritual de Dom Quixote deveria ser destruída para produzir a forma espiritual do Sr. Pickwick. E, como já deixamos claro anteriormente, esse não é o caso. A conclusão necessária parece ser que Dom Quixote e o Sr. Pickwick não são sequer deste mundo: uma teoria que é perfeitamente defensável, mas que não cabe no âmbito da metáfora do caleidoscópio. Por isso, vamos nos ater àquela metáfora por nós escolhida – a do criador imaginativo – e continuar a trabalhar com ela mantendo claramente em vista as limitações do que se aplica ao artista vivo, que está empenhado em um ato criativo, cujos resultados finais ainda não conseguimos enxergar.

Nós estamos, assim, encarando o universo temporal como uma daquelas grandes obras seriadas, cujas partes fragmentárias aparecem de tempos em tempos, todas relacionadas à Ideia central, cuja completude ainda não se encontra manifesta ao leitor. Dentro do esquema de sua diversidade há muitas partes – o enredo, o episódio, os personagens. Nossa resposta a isso nos leva ao âmbito da mente do autor e nos arrasta para a corrente de seu Poder, que procede da sua Energia, revelando a sua Ideia a nós e a si mesmo.

CAPÍTULO 5

LIVRE-ARBÍTRIO E MILAGRE

Deus criou o homem à sua própria imagem e semelhança, isto é, Ele o tornou igualmente um criador, chamando-o para uma atuação livre espontânea e não para a submissão externa ao Seu poder. A criatividade livre é uma resposta da criatura ao grande chamado do seu Criador. A obra criativa do homem é a realização do desejo secreto do Criador.
Nikolai Berdiaev, O Destino do Homem

Enquanto não for posto no papel, um personagem na cabeça do escritor limita-se a ser uma possessão; seus pensamentos recorrem a ele constantemente e, à medida que a sua imaginação gradualmente o enriquece, ele desfruta do prazer singular de sentir-se como se houvesse alguém vivendo uma vida multifacetada e vibrante em sua mente, obedecendo à sua fantasia, mas, ainda sim, de uma forma estranha e obstinadamente independente dela.
W. Somerset Maugham, Prefácio a Cakes and Ale

Quando se considera até que ponto o escritor pode permitir aos seus personagens ser porta-vozes de sua personalidade, tocamos no ponto que sempre revela novas dificuldades, que nos são postas pelo livre-arbítrio da criatura. Todos os personagens, dos mais importantes até os de menor importância, e dos melhores aos piores, para ser criaturas vivas, devem representar uma parte da mente do criador. Mas quando todos eles dão expressão a essa mente exatamente da mesma forma, então a criação como um todo fica sem cor, mecânica e inverossímil. Só aqui começamos a entrever como é importante, para uma criação plena, que haja alguma espécie de livre-arbítrio. Entretanto, agora fica difícil empregar nossa metáfora, pois parece evidente que os personagens criados por um escritor humano são suas marionetes sem recursos próprios, tendo de obedecer sempre ao seu desejo, para o bem ou para o mal.

A analogia da procriação nos permite ir mais longe do que a da criação artística. Mesmo que um pai seja totalmente responsável por trazer seus filhos à existência e que possa, até certo ponto, exercer um controle sobre as suas mentes e ações, ele não pode deixar de reconhecer a independência essencial do ser que pôs no mundo. A vontade da criança é perfeitamente livre. Se ela obedecer ao seu pai, ela o fará por amor, por medo ou por respeito ao pai, mas não como um autômato, e os bons pais não desejariam que fosse diferente. Podemos observar aqui uma daquelas complexidades curiosas que enriquecem a natureza multifacetada da humanidade. Todo pai e toda mãe se esforçam para controlar seus filhos e fazer com que eles se tornem, não autômatos propriamente ditos, mas seres completamente subordinados à vontade de seus procriadores, como os personagens de um romancista são em relação ao seu criador.

Por outro lado, há no criador humano um desejo paralelo de criar algo que tenha tanto livre-arbítrio quanto a prole dos progenitores. As histórias que falam de tentativas para manufaturar robôs e monstros tipo Frankenstein são testemunhas desse estranho desejo. É como se a humanidade tivesse consciência da limitação que obstrui as suas funções. No homem, a imagem do divino luta, por assim dizer, para se assemelhar ao seu original em ambas as suas funções criativas e procriativas: isto é, de ser Pai e Deus, ao mesmo tempo.

Por experiência, estou propensa a crer que uma das razões de escrever peças teatrais ser mais interessante do que escrever livros é o próprio fato de que, quando a peça é apresentada, o livre-arbítrio do ator é incorporado ao personagem escrito. A média das pessoas está consciente dos desejos conflitantes na mente do dramaturgo e, muitas vezes, faz perguntas sobre eles. Às vezes, indagam: "Não é excitante ver os seus personagens criarem vida no palco?" Outras vezes, perguntam cheias de solidariedade: "Não é de enlouquecer ver os atores arruinando assim os seus melhores versos?". O dramaturgo só pode responder (a menos que a produção seja excepcionalmente boa ou insuperavelmente má) que ambas as constatações são, sem dúvida, verdadeiras.[2]

É claro que muito depende do temperamento do dramaturgo. Se ele for do tipo egoísta, não encontrando nenhuma satisfação, exceto no reforço autocrático da sua vontade soberana, ele achará todos os atores gente tão insuportável que será de enlouquecer. Esse tipo de pessoa, no

---

[2] Ver epígrafe do capítulo 10.

âmbito da procriação, tende a se tornar um pai romano. Mas se ele for do tipo mais liberal, ele lhes dará as boas-vindas de forma entusiasmada – não vou dizer que à má interpretação, o que é um pecado e uma coisa lamentável, e sim, à interpretação imaginativa e livre – e sentirá uma crescente satisfação em ver o ator aplicando a sua criatividade individual ao seu papel. E, diga-se de passagem: se o papel for bem concebido e bem escrito, a boa interpretação, por mais livre e pessoal que possa ser, jamais lhe será prejudicial. Quanto maior for o papel, maior será a variedade possível de "boas" interpretações: eis por que (ao contrário da opinião de alguns leigos) é muito mais fácil interpretar "Hamlet" na peça *Hamlet*, do que interpretar "o amigo de Carlos" numa comédia sentimental de quinta categoria. Uma das satisfações mais gratificantes e profundas que um escritor imaginativo pode ter é ver a maneira como um ator inteligente e simpático infunde aos seus versos sua própria individualidade criativa. E mais – ver a mente do ator trabalhando para lidar de forma correta com uma interpretação difícil é um prazer dos mais intimamente comoventes; pois tudo isso envolve a alegria da comunicação e da sinergia criativa. Dentro dos limites da experiência humana, o dramaturgo terá alcançado aquela finalidade complexa do desejo humano – a criação de algo vivo, dotado de mente e vontade próprias.

Entretanto, nenhum desses prazeres pode ser desfrutado se o dramaturgo não for tomado por um amor real pela forma material – se, nesse processo de elaboração da peça, a sua Energia não tiver sido transferida imaginativamente para o palco, da maneira como tentei explicar, e a sua Ideia não for concebida em termos materiais de carne, osso, pintura e quadro. Pois a verdadeira liberdade da Energia consiste na livre e espontânea submissão da sua vontade aos limites de seu próprio meio de comunicação. A tentativa de alcançar liberdade *do* meio acaba inevitavelmente na perda da liberdade *no bojo* do meio, já que, aqui como em todo lugar, a atividade se submete ao julgamento da lei de sua própria natureza.

Tomemos, por exemplo, aquele tipo de autoria para o teatro que é chamado – no sentido pejorativo – de drama "literário". As ressalvas que se têm contra ele não é que se trate de "literatura" (no sentido amplo), mas que ele foi escrito para se conformar a um meio literário estranho. As falas simplesmente não são construídas de forma a ser imediatamente interpretáveis por um ator. Isso significa que a Energia do escritor arrogou para si uma liberdade da lei natural – ela se recusou a ser compelida pelas amarras impostas pela carne e pelo osso. As consequências imediatas dessa liberdade são um sentimento intolerável de restrição e a invariável avaliação da crítica de que a "linguagem" é "artificial" demais. A verdade é que uma fala assim não é "artificial" o bastante – no sentido de que não se tenha dado acabamento suficiente a ela. Esforços similares por uma liberdade ilegal acabam tornando a tarefa do diretor pouco administrável, com instruções de palco impossíveis de ser realizadas, multiplicando cenas extensas demais, a ponto de nenhum esforço de engenharia ser capaz de agilizar as coisas no palco sem que as unidades fiquem destruídas. A tarefa do criador não é escapar do seu meio material ou de intimidá-lo, mas de estar a seu serviço; mas, para servi-lo, é preciso que ele o ame. Somente assim ele se dará conta de que o seu serviço é perfeitamente livre. Isso não vale apenas para toda a arte literária, mas também para toda a arte criativa; eu optei pelo exemplo do teatro apenas porque nele, da mesma forma que na criação de personagens, a falta de desejo de se submeter às leis da natureza causa desastres mais patentes e imediatos do que em qualquer outro caso.

O juízo da lei natural não é desprovido de sentido para a pretensão do escritor de ter um controle autocrático sobre os personagens que ele inventa. Certamente é verdade que estes não possuem a mesma extensão de livre-arbítrio que a vontade de uma criança, que é livre em relação ao controle dos seus pais. Mas todas as coisas possuem essa mesma medida de liberdade, qual seja, a de que deixarão de ser criaturas verdadeiras e vivas se o autor não lhes permitir desenvolver-se em conformidade com sua própria natureza.

Não se deve ligar muito para aqueles autores que dizem (com um olhar fixo e hipnótico): "Na verdade, o enredo não é pura invenção minha, sabe? Eu só deixo que os personagens surjam na minha mente e tomem conta do resto". A teoria de que a mente pode permanecer passiva e vazia, atuando apenas como um tipo de "mão invisível" para os personagens, lembra os métodos de "Savonarola Brown" e suas confidências ofegantes: "Savonarola está *vivo*!".[3] O fato cruel é que os escritores que trabalham dessa forma não costumam produzir livros muito bons. O público leigo (sendo que a sua

---

[3] Max Beerbohm, *Seven Men*.

maioria se considera iniciada) prefere acreditar nessa fantasia inspirativa; mas, normalmente, o elemento de pura habilidade laboriosa é mais importante do que a maior parte de nós está disposta a admitir.

Entretanto, apesar de tudo, o livre-arbítrio de personagens criados de forma genuína tem certa realidade – a qual o escritor poderá ignorar por sua conta e risco. Às vezes acontece de o enredo requerer certo comportamento de seus personagens; quando chega a esse ponto, nenhuma engenhosidade da parte do autor pode forçá-los, exceto à custa de sua destruição. Pode até ser que a Atividade tenha escolhido uma cena não adequada ou (talvez isso, quem sabe, seja mais frequente) imaginado um conjunto de personagens inadequados para trabalhar essa cena em particular.

No caso de dilemas assim, a coisa mais fácil, mas também a pior, que o autor pode fazer é comportar-se como uma divindade autocrática, compelindo os personagens a fazer a sua vontade, quer queiram, quer não. Casos desse tipo são frequentes na obra de escritores de romances policiais e no tipo mais trivial de filmes. Um exemplo notório é, como não poderia deixar de ser, o jovem amante de coração aberto e mente generosa que vemos tão frequentemente atônito com a descoberta da sua noiva abraçada a um completo estranho no conservatório. Se o rapaz se comportasse em conformidade com o previsto para o seu personagem, ele teria confiado na garota e esperado pela explicação óbvia e apropriada, a saber, que o estranho era o irmão dela há muito tempo desaparecido que voltou para casa de repente. Mas como qualquer conduta assim tão natural fatalmente levaria a história a um fim prematuro, o jovem é forçado a negar a sua natureza, imaginando o pior e partindo para um país distante.

Uma peça respeitável, cheia de inverdades recorrentes, não causa muito dano às fantasias sem sentido de que ela usualmente está impregnada, já que essas não podem ser consideradas obras de imaginação criativa genuína. Entretanto, é alarmante encontrar uma variação disso introduzida de forma violenta no último ato de uma peça, de resto concebida de forma tão realista e escrita com tanta honestidade, quanto a *Família*, de Denys Amiel.[4] Aqui, o efeito é desastroso, pois os personagens têm uma natureza verdadeira a ser destruída; e o colapso do poder criativo se encontra numa relação direta com o poder anterior de elaboração desses personagens.

---

[4] Produzida pela primeira vez em Paris em 1937.

Deturpações similares da verdade natural são encontradas de forma abundante e mais sutil naqueles romances em que a heroína, depois de tratar o herói com desprezo por capítulos intermináveis e ser resgatada por ele em circunstâncias peculiarmente humilhantes, cai em seus braços em um assombro de gratidão e afeição apaixonada. O conhecimento da natureza bastante efêmera da gratidão em pessoas orgulhosas e vaidosas e de seu efeito irritante sobre o personagem leva o leitor a se perguntar como será a vida conjugal desse casal, depois de ter partido de premissas tão equivocadas. São incongruências desse tipo que fazem com que ambos, atores e plateia, se sintam tão desconfortáveis diante de *A Megera Domada*. Não importa se a peça nos é apresentada de forma burlesca ou amenizada pela comédia sentimental, nosso protesto continua o mesmo: "É um verdadeiro milagre que a história termine assim", e nada vai convencer-nos de que personagens como aqueles possam submeter-se a um enredo como esse.

Outra deformação forçada do personagem natural ocorre quando o autor permite a um personagem desenvolver-se de acordo com a sua essência natural, sem notar que ele se afastou do papel que lhe foi designado no enredo. O Sr. Micawber é um grande personagem, cheio de sede de viver; mas a ineficiência faz parte da sua própria essência, e é inteiramente inconcebível que ele se torne um detetive eficiente na investigação das fraudes financeiras do Sr. Heep. Mas *alguém* tinha de denunciar Heep, e o Sr. Micawber estava à mão – é possível que ele tenha, de fato, sido designado para isso desde o começo; mas, não obstante tudo isso seja muito divertido, não podemos crer que seja verdadeiro, nem por um minuto.

O autor humanista e sensível poderá preferir enveredar pela fidelidade aos seus personagens, alterando os acontecimentos para ajustá-los ao desenvolvimento de cada um. Isso resultará em um choque menos forte para o senso de realidade do leitor, mas, ao mesmo tempo, também em uma incoerência estrutural alarmante. As ações prenunciadas logo de início não vão se materializar, certas causas ficarão sem consequências ou terão consequências irracionais, o equilíbrio da unidade será abalado, e o livro morrerá em desordem, ou, na frase pitoresca do crítico, acabará "quebrando". Na pior das hipóteses, o tema (ou a forma corpórea da Ideia) desaparecerá junto com o sumiço do enredo. Provavelmente o leitor não estará em condições de dizer com certeza exatamente em que ponto foi que o livro começou a desandar, mas ele terá início uma consciência instintiva de que houve uma ruptura em algum lugar. O mesmo acontecerá com o autor. Em casos extremos, a ruptura será tão abaladora que impedirá que o livro venha a ser escrito algum dia.

Um dos casos mais instrutivos de como o livre-arbítrio poderá desenvolver-se tão desenfreadamente nos personagens de forma a destruir as perspectivas de um trabalho imaginativo saudável é fornecido por J. D. Beresford neste livro extraordinariamente fascinante: *Writing Aloud* [Escrevendo em Voz Alta]. Nele, com uma sinceridade e precisão extremamente raras em um escritor, ele descreve o desenvolvimento (ou a insuficiência de desenvolvimento) de um tema que tentou por alguns anos encarnar em um romance, e acabou derrotado por causa do comportamento obstinado dos personagens. À medida que a história se amolda em sua mente, o enredo se desfaz, refazendo-se de novo em novas formas; que o centro de interesse se desloca de um personagem para outro, e nós assistimos, com apreensão fascinada (se é que estamos prontos para nos emocionar com coisas assim), à metamorfose forçada do tema em seu extremo oposto. É como se estivéssemos observando um exército ameaçado pelo inimigo, que muda de direção o tempo todo para desviar de um eminente ataque por trás. O próprio Beresford acredita que as discrepâncias na história "ilustram os comentários do Sr. Forster sobre a relação da personagem com o enredo, à medida que mostram muito claramente que o personagem da trama sofre inevitavelmente quando a ação deve preceder o personagem, devendo ser relacionada com os acontecimentos, não importa o que aconteça".

Seu próprio livro, entretanto, mostra, com clareza ainda maior, que o problema não é assim tão simples. O que precedeu todo o enredo e tudo o mais foi a preferência por apresentar o caráter de uma heroína particular.

> Da próxima vez, gostaria que ela fosse jovem; muito jovem; vinda de antes da guerra [...] Uma heroína de antes da guerra que vivesse nos dias presentes [...] Ela representa a "mulher média" que é eterna em todos os tempos. Ela não deve ser nem alta, nem baixa; nem muito escura, nem muito clara; nem sedutoramente linda, nem notadamente feia; nem muito inteligente, nem boba; nem irremediavelmente feminina (do tipo "esposa e mãe perfeita"), nem do tipo sobre o qual lemos tanto ultimamente [1927], por se dedicar a alguma arte ou profissão, e que fica falando sobre a independência feminina. Ela deve praticar esportes com moderação, sem fazer deles um fetiche. Ela é original, por não lutar pela originalidade, e com alguma sorte, eu mesmo posso atingir

esse ideal, para mim. Se fosse possível traçar uma imagem convincente da garota humana média, é impressionante como ela contrastaria com a jovem a que somos tantas vezes apresentados agora, tanto na vida quanto na ficção.

Ele começa por esse personagem – não, que fique bem claro, como um personagem em determinada situação, mas como um personagem à procura de uma situação que lhe fosse apropriada. Depois a história vai sendo construída – pano de fundo, trama, parentesco e assim por diante – deliberadamente, a fim de dar conta e trabalhar o caráter dessa moça (apelidada de "J. J."). Outros personagens – desta vez, elevando-se para fora do enredo, arrogam a maior parte do interesse criativo do escritor. Pelo fato de terem evoluído a partir do próprio enredo (isto é, terem sido concebidos como personagens *em* uma situação) eles se tornam muito mais poderosos do que o personagem individual de J. J. Os seus adversários já conquistaram os seus "pontos fortes". Solidamente fundados e equipados dessa forma, eles crescem e cobrem todo o solo com a velocidade e a ubiquidade de ervas daninhas, e, subjugando a situação à sua própria vontade, assumem o comando da trama. Depois de uma centena de páginas dessa evolução, mais ou menos, o autor constata horrorizado:

> Neste livro, por mais que tentasse, parece que não fui capaz de ser fiel à minha primeira intenção de contar a história de J. J. A pobre criatura até agora só me serviu de cavalo de batalha; ela que deveria ser minha heroína ideal, a intérprete de mim mesmo. Em vez de apresentar um modelo para uma garota por volta dos anos 1930, ela se tornou um exemplo horrível das repressões vitorianas, um material para experiência em laboratório, uma boneca para o desfile de hábitos humanos, algo em extinção, tudo menos um ser humano interessante.

Ele não consegue achar remédio para essa desgraça. De duas uma: rasga tudo e joga fora, ou então faz o seguinte: "Mantenho os demais personagens e o esqueleto do enredo, mas sacrifico corajosamente toda a trama até então desenvolvida, obtendo uma compreensão mais verdadeira de minha heroína e deixo a sua personalidade guiar a evolução da história. Isso significaria jogar fora todas as coisas que realmente me interessavam".

Mas o que de fato o interessava eram "os outros personagens". Na verdade não existe um enredo real, a não ser aquele que os personagens impuseram por si mesmos à história. O impasse estava completo e a história acabou indo parar no lixo, exceto pelo fato de ter fornecido o tema para esse revelador trabalho de análise.

Qualquer um que leia *Writing Aloud* terá sua diversão garantida em descobrir como os "demais personagens" conseguiram subjugar, em detrimento de J. J., o controle do enredo. O que se revela, com grande clareza, é a quebra da trindade do autor: a sua Energia não estava subjugada à Ideia – ou então ela revelava a ausência de uma ideia realmente poderosa para controlá-la – e a consequência é o juízo de caos.

Vamos agora dar uma olhada em outro exemplo instrutivo da "quebra" que Chesterton observou em *Our Mutual Friend* [Nosso Amigo Mútuo]:

> Se a degradação verdadeira de Wegg não é lá muito convincente, ela é ao menos mais convincente do que a degradação pretensa de Boffin. A passagem em que Boffin aparece como uma espécie de avarento, sendo que depois se explica que ele apenas assumiu essa postura por razões muito pessoais, tem algo deveras tolo e pouco satisfatório. A razão para isso, creio eu, com quase certeza, é que Dickens nunca quis que a decadência de Boffin fosse fictícia. Originalmente, ele queria que Boffin fosse realmente corrompido pela riqueza, que se degenerasse gradativamente e se arrependesse também de forma gradativa. Mas a história se desenrolou de forma rápida demais para um processo longo, duplo e difícil como esse; por isso, no último instante, Dickens permitiu que ele tivesse uma recuperação repentina, querendo fazer-nos crer que tudo não passava de um truque. Consequentemente, esse episódio não é um equívoco somente no mesmo sentido pelo qual podemos encontrar muitos equívocos em um grande escritor como Dickens; trata-se de um equívoco remendado com outro. Trata-se de um caso daquele tipo de endurecimento que ocorre em torno de um osso quebrado; a história havia se quebrado, para depois ser novamente remendada.[5]

O que aconteceu (se Chesterton está certo, da forma como eu penso que esteja)[6] foi que Dickens "se apaixonou" por Boffin, o que acabou

---

[5] G. K. Chesterton, *Criticisms and Appreciations of the Works of Charles Dickens*.

[6] Dickens era perfeitamente capaz de empreender uma alteração como essa no seu plano. Ele escreve para Forster, enquanto trabalhava em *Dombey and Son*: "No que diz respeito ao garoto (Walter Fay) [...] penso que seria bom frustrar todas as expectativas que esse capítulo parece despertar quanto à sua relação feliz com a história e com a heroína, e para mostrar como ele resvala paulatina e naturalmente do amor aventureiro, despreocupado e jovem para a negligência, a ociosidade, o desperdício, a desonestidade e a ruína. Em suma, para

fazendo o personagem "sair do seu controle" ou, em outras palavras, o fez afirmar a liberdade de sua natureza. Esse tipo de coisa acontece de vez em quando com os personagens dos romances – nunca, é claro, com o personagem-marionete, mas apenas com aqueles a quem o autor proporcionou vida plena – e sua fuga do controle é a medida de seu livre-arbítrio. O que é particularmente interessante aqui é o método adotado por Dickens para fazer enredo e personagem voltarem a cooperar. Ele enveredou pelo que poderia ter sido a forma correta para sair da dificuldade, mas de forma tão malfeita que o resultado não apenas ficou pouco convincente, mas também se tornou falso.

O personagem Boffin havia se autoafirmado de tal forma que chegou a um ponto em que ele (o autor) *não podia mais* obrigá-lo a se conformar com o enredo. Tenho minhas dúvidas de que só a velocidade em que a história se desenrola seja prova suficiente para essa impossibilidade; o que realmente atrapalhou foi a docilidade e modéstia intrínsecas ao próprio Sra. Boffin. Portanto, era preciso que se encontrasse um meio pelo qual o personagem, desenvolvendo-se em conformidade com a sua própria natureza, pudesse, ainda assim, levar a trama ao mesmo objetivo ao qual ela chegaria se o personagem tivesse se desenvolvido conforme o plano.

O processo que procurarei descrever aqui é tal que o leitor deve aceitar a minha palavra. Não posso simplesmente mostrá-lo em exemplos de sucesso na literatura, pois é da essência de tal processo, quando bem-sucedido, precisamente, que nada na obra acabada deixe indícios dele. Posso apenas constatar, por uma questão de experiência, que, se os personagens e a situação forem concebidos corretamente em conjunto como partes integrantes de um mesmo todo, então não haverá necessidade de forçá-los à solução mais adequada da situação. Se a cada um é permitido desenvolver-se em conformidade com a sua natureza própria, todos chegarão a uma unidade, que coincidirá com aquela unidade que preexistia

---

demonstrar a decadência comum, cotidiana e miserável que conhecemos tão bem, para exibir um pouco da filosofia por trás das grandes tentações e uma natureza fácil; e para demonstrar como o bem se transforma gradativamente em mal [...] Você acha que isso pode acontecer, sem fazer com que as pessoas fiquem bravas?" Por motivos que Foster não especifica, mas que podem ser adivinhados, Walter Gay foi poupado e a imagem das "grandes tentações e leviandades" foi prorrogada até a aparição de Richard Carstairs em *Bleak House*; mas a indecisão do autor deixou seus vestígios em *Dombey*, na relação estranhamente coincidente de Walter com a estrutura dos acontecimentos.

na ideia original. Na terminologia com que estamos habituados a discutir em outros contextos, isso significa que nem a predestinação nem o livre--arbítrio são tudo; mas que a vontade, se ela agir de forma livre e de acordo com a sua natureza verdadeira, acabará fazendo a vontade eterna de seu criador, pela graça e não pelo julgamento, ainda que possivelmente por um processo bem diferente e mais demorado do que aquele que lhe poderia ter sido imposto pela força.

Como eu já disse, é difícil citar um exemplo desse processo na obra de autores alheios, já que, quando executado com sucesso, ele não deixa rastros, e a maioria dos escritores não deixou qualquer registro analítico do seu fazer criativo. Certa vez,[7] tentei analisar uma experiência própria bem pouco importante nesse sentido – quero dizer, a obra em si não era de grande importância, a não ser para mim. Gostaria de ressaltar apenas aqui um exemplo, também experimentado pessoalmente, mas ainda mais trivial, de toda essa estranha articulação entre o enredo e o personagem. Esse exemplo é de certa forma mais interessante do que o outro, porque o processo ocorreu sem que eu me desse conta, de modo que fiquei admirada quando vi o resultado.

Em *Gaudy Night* [Noite de Baderna], a heroína viu-se numa daquelas "oportunidades de gratidão" que (como a que eu já comentei) são tão destrutivas para o personagem e que deixam a pessoa normal tão pouco disposta a cair nos braços do benfeitor. Entretanto, ela foi levada, de forma bastante justa, a vencer o seu orgulho (com ajuda de uma tentativa similar da parte do cavalheiro) e ceder, a ponto de, com um gesto generoso, aceitar um presente dele. O presente escolhido foi um tabuleiro de xadrez com peças de marfim. Em toda a situação, os personagens estavam trabalhando o próprio desenvolvimento sem referência às suas próprias dificuldades espirituais.

Nesse meio tempo, a investigação envolveu uma mulher cujas emoções tinham controle sobre a sua razão, e que estava desenvolvendo uma campanha de vingança, de grande poder destrutivo, contra certas mulheres que (como ela achava) estavam sacrificando seu lado emocional em favor do racional. Sua fúria dirigiu-se contra minha heroína, o que teve como resultado que ela (e eu) passássemos a procurar por alguma propriedade qualquer

---

[7] Ver meu ensaio *Titles to Fame*.

da heroína que ela pudesse querer igualmente destruir. Foi então que me ocorreu que as peças do jogo de xadrez seriam as vítimas ideais; sua destruição aconteceu prontamente, revelando à heroína que o valor que ela via nelas não estava associado ao presente em si, mas àquele que a presenteou.

Um leitor me disse depois: "Desde o momento em que elas foram mencionadas, eu já sabia que aquelas peças de xadrez estavam condenadas à destruição". Se pararmos para pensar, nada poderia ser mais óbvio do ponto de vista da estrutura do enredo. Posso apenas afirmar (sem grande esperança de que acreditem em mim), que isso não havia sido nada óbvio *para mim*. De início, as peças de xadrez estavam ligadas ao desenvolvimento do personagem e a nada mais. Mas quando o enredo demandou a sua destruição, lá estavam elas, prontinhas. Ainda que eu me tivesse dado conta, naquele momento, de que esse incidente era um elo útil e satisfatório entre as duas partes da história, só quando o leitor chamou minha atenção para isso compreendi que o incidente acabou se tornando, e era, de fato, predestinado – isto é: o enredo e o personagem, que se mostravam cada qual fiel em relação à sua natureza, haviam se unido de forma inevitável para chegar a esse fim.

Eu poderia acrescentar aqui mais um exemplo do mesmo tipo. Em *The Murder Must Advertise* [O Crime Exige Propaganda], pretendia (de uma maneira não muito bem-sucedida) apresentar um contraste entre dois mundos totalmente diferentes, igualmente fictícios – o mundo da publicidade e o mundo da "juventude dos anos dourados"[8] do pós-guerra. (Não fui muito feliz nisso porque eu conhecia e me importava muito mais com o mundo da publicidade do que com a "juventude dos anos dourados", mas que isso seja dito apenas de passagem.) Mencionei essa intenção para um leitor, que respondeu prontamente: "Sim, e Peter Wimsey, que representa a realidade, não aparece em nenhum dos dois mundos, a não ser disfarçado". Isso estava perfeitamente certo; e eu nunca o havia notado. Com todos esses atentados contra o realismo, havia certa dose de verdade integral quanto à Ideia do livro, já que ele havia conduzido, sem a minha concordância consciente, a um simbolismo verdadeiro.

---

[8] *Bright Young People* era o nome de um grupo de jovens aristocratas socialistas boêmios, da Londres dos anos 1920. Eles faziam suas experiências com bebida alcoólica e iam parar na imprensa devido aos excessos de seu consumo. (N. T.)

Outros escritores provavelmente estarão em condições de fornecer por si mesmos exemplos dessa curiosa colaboração entre o livre-arbítrio e a predestinação onde quer que personagem e enredo tenham a permissão de se desenvolver em obediência à sua lei natural. E considerações assim nos levam a encarar toda a problemática do milagre.

O que quer que possamos pensar sobre as possibilidades da intervenção direta nos acontecimentos do universo, é bastante evidente que o escritor tem a prerrogativa de intervir – e muitas vezes ele intervém mesmo – no desenvolvimento de sua própria história a qualquer momento. Ele é o mestre absoluto, capaz de realizar o milagre que quiser. Não quero dizer com isso que ele seja capaz de inventar planetas não descobertos ou povoar um mundo com monstros desconhecidos à história natural – uma história assim seria um conto maravilhoso e não um conto repentinamente modificado por maravilhas. O que quero dizer simplesmente é que ele pode desviar tanto o personagem quanto o enredo de seu curso natural pela aplicação de um poder arbitrário. Ele pode aniquilar personagens inconvenientes, provocar conversões abruptas ou trazer à baila acidentes ou catástrofes naturais para resgatar os personagens das consequências da sua própria conduta. Ele pode, de fato, agir exatamente da forma como, em nossas preces mais egoístas e pouco iluminadas, tentamos persuadir Deus a se comportar como queremos. Não importa se debochamos dos milagres ou se os conjuramos, em geral é disso que estamos falando. Somos da opinião de que os poderes da lei natural devem ser abolidos por algum poder externo às pessoas e circunstâncias.

Quando, por analogia, chamamos Deus de "o Criador" estamos admitindo que seja *possível* a Ele realizar milagres; mas, se examinamos mais de perto as implicações de nossa analogia, somos levados a nos perguntar até que ponto é realmente *desejável* que Ele faça algo desse tipo. Pois o exemplo dos escritores que dão curso livre aos milagres não é nem um pouco encorajador. A "justiça poética" (nome dado muitas vezes ao tratamento artístico do milagre) pode até ser confortadora, mas lamentamos reconhecer que se trata de uma arte de péssima qualidade. "Justiça poética" é, na verdade, o nome errado para isso, já que não se trata de poesia, nem de justiça. Existe aí uma justiça poética verdadeira, que conhecemos melhor pelo nome de "ironia trágica", que é da natureza do juízo e que tem um potencial tremendo na literatura, assim como na vida –

mas não há o menor elemento de milagre nisso. O que normalmente queremos dizer com "justiça poética" é um sistema de recompensas e punições conferidas como nas escolas infantis, porque "você tem sido um bom menino" ou "boa menina" ou "porque você foi travesso" – ou, às vezes, simplesmente com a intenção de manter as crianças quietas.

O Sr. Wilkins Micawber – que é continuamente alvo de exibições sobrenaturais – é agraciado com um milagre no final de *David Copperfield*. Ele é um personagem "bom" – isto é, um personagem que tem a simpatia do seu autor – e é desejável recompensá-lo com um "final feliz". Por isso, ele é transportado para a Austrália, onde, ao contrário de sua própria natureza e ao contrário da natureza da vida cívica da Austrália do século passado, ele se torna um magistrado próspero. No entanto, por mais consoladora que possa parecer a solução dada para o problema de Micawber, se raciocinarmos um pouco, acabamos nos convencendo de que dificilmente se pode imaginar uma pessoa menos adequada para prosperar nessas condições do que o Sr. Micawber. Trata-se de um milagre, tal como é um milagre o súbito aparecimento de um casal de pais idosos e dignos de solucionar as dificuldades dos amantes no último ato de *Escola de Mulheres*. O autor, ao descobrir que nem trama nem personagens funcionariam dentro de suas próprias limitações para produzir um resultado meticuloso, cortou o nó górdio com a espada mágica de Paracelso. O resultado não serve apenas para nos chocar com uma sensação de incongruência, mas também para reduzir os poderes do próprio Micawber. Ele se torna menos humano ao ser favorecido por um protecionismo arbitrário.

Wilkie Collins, um escritor bem inferior a Dickens, lidando com um problema similar, mostra-se um artista muito mais responsável. Ao final de *No Name* [Anônimo] ele teve de livrar-se do inescrupuloso, mas fortemente simpático patife, Capitão Wragge. Ele poderia ter inserido um milagre moral, fazendo o capitão arrepender-se e viver contente e honestamente na pobreza; ou um milagre material, fazendo-o herdar uma enorme fortuna inesperada, que pudesse livrá-lo da necessidade de mais trapaças. Mas qualquer um desses métodos destruiria o capitão, como nós o conhecemos. Collins apresenta uma solução artisticamente melhor, proporcionando a ele um caminho para a prosperidade que fosse completamente de acordo com o seu caráter:

O que eu andei fazendo? Por que a minha aparência está tão boa? [...] Minha querida menina, tenho estado ocupado, desde que nos vimos pela última vez, em alterar um pouco meus velhos hábitos profissionais [...] Antigamente eu apelava à simpatia do público, agora, eu apelo ao seu estômago [...] Por incrível que pareça, sou aqui um homem que ao menos tem uma fonte de renda. Os benfeitores de minha fortuna são três. E seus nomes são Aloe, Escamônea e Goma-guta. Em outras palavras, estou vivendo agora à base de remédios. Fiz um pouco de dinheiro (se é que você se lembra) graças à minha relação de amizade com você. Fiz um pouco mais, pelo feliz falecimento (*Requiescat in pace*! [Descanse em paz!]) dos parentes da Sra. Wragge, de quem, como eu disse, minha mulher tinha direito a uma herança. Muito bem. O que você pensa que eu fiz? Investi todo o meu capital, de um só golpe, em propaganda – comprando minhas drogas e minha caixa de remédios a crédito. O resultado está bem na sua frente.

Temos aqui uma feliz inversão do curso dos acontecimentos, que é prontamente aceitável. Podemos acreditar nos lucros obtidos pela malandragem, podemos crer na pequena herança (já que fomos previamente informados de que ele se casou com sua esposa mentalmente debilitada, para ficar com a herança), e podemos acreditar mais ainda nessas aquisições, porque, sem dúvida, essa seria a forma precisa pela qual o Capitão Wragge a usaria, se a tivesse recebido. É um final feliz para um patife simpático, que nos satisfaz, porque não é um milagre, mas um julgamento com base na lei natural.

Mas será que essa moral é edificante? Bem, na verdade não é. A realização de milagres para um fim edificante foi tão ardentemente admirada pelos vitorianos piedosos, quanto foi severamente desencorajada por Jesus de Nazaré. Não que os vitorianos fossem os únicos a usar tal recurso. Também os escritores modernos toleram milagres edificantes, embora geralmente prefiram usá-los para obter finais infelizes, e por esse tipo de efeitos milagrosos da dramaturgia é que eles recebem o título de realistas. Assim, em *A Cidadela* de A. J. Cronin, era necessário para a moral edificante da história que seu herói médico fosse despojado de todos os interesses pessoais – riqueza, reputação e felicidade doméstica – a fim de que pudesse abraçar voluntariamente um bem que havia recusado, ou seja, a investigação médica livre de interesses egoístas. E isso está mais do que certo, do ponto de vista da religião e da psicologia. A riqueza e a fama lhe foram vedadas de forma bastante apropriada, por um juízo da lei natural aplicada à sua própria conduta profissional. Mas quando se trata de sua felicidade doméstica, o autor se torna impaciente. Ele já havia preparado o estranhamento entre marido e mulher por meio do comportamento do médico, mas não por um motivo muito adequado. De repente, ele abandona essa linha de raciocínio e, por um ato arbitrário, apressadamente se livra da esposa, empurrando-a para baixo de um ônibus. Não se pode tentar justificar essa intervenção afirmando que é frequente, na vida real, pessoas virtuosas morrerem atropeladas por veículos nas estradas. O episódio é totalmente estranho à unidade estrutural da história, é um milagre irrelevante. Seu efeito é a falsificação da história. A mão divina interfere à força no mecanismo, de forma óbvia e sem necessidade: *nec Deus intersit nisi dignus vindice nodus.*[9]

Os agentes para o milagre que estão à disposição do autor são, *grosso modo*, a conversão e a coincidência; um personagem ou uma situação sofre súbita alteração, não por algo que se desenvolve fora do essencial da história, mas pela intervenção divina pessoal do seu criador. Agora, não se pode simplesmente dizer que a conversão ou a coincidência não possam *jamais* ser admissíveis em uma história. Ambas podem ser legitimamente introduzidas sob uma condição, qual seja, que elas estejam integradas na Ideia. Se a história trata *de* uma coincidência ou *de* uma conversão, então a Energia que as apresenta estará realizando a vontade da Ideia e é dessa unidade de propósito que virá o Poder. Isso equivale a dizer que, nessas circunstâncias, a vontade do criador se torna um personagem da história, da mesma forma que, teologicamente, todos os milagres dependem da suposição de que Deus seja um personagem influente na história. Mas, mesmo nesse caso, é necessário que Deus aja em conformidade com o Seu próprio caráter. O estudo da nossa analogia talvez nos leve a crer que Deus é cauteloso no emprego do milagre irrelevante, e que só o usaria se ele fizesse parte integrante da história. Ele também não fará, mais do que um bom escritor faria, seus personagens mudarem de ideia sem preparar o caminho para a sua conversão, e sua interferência com o espaço-tempo será condicionada por algum tipo de relação de poder entre a vontade e a matéria. A fé é a condição para

---

[9] Que Deus não intervenha, a menos que aconteça um nó digno de tal interventor. (N. T.)

a remoção de montanhas. Lear acabará se convertendo, mas Iago não. As consequências não podem ser separadas de suas causas sem perda de força, e podemos nos perguntar quanta energia teria restado à história da crucificação, como história, se Cristo tivesse descido da cruz. Esse teria sido um milagre irrelevante, perto da história da ressurreição, que é o que importa, pois ela mantém as consequências da ação e do personagem em articulação lógica com as suas causas. Esse é, de fato, um excelente exemplo desse tipo de evolução, já considerado anteriormente – a recondução da história, através do caminho novo e mais poderoso da graça, para a finalização, também exigida pela via do juízo, de modo que a lei da natureza não fosse destruída, e sim cumprida.

CAPÍTULO 6

A ENERGIA ENCARNADA NA AUTOEXPRESSÃO

E então veio aquele instante predeterminado no tempo e fora do tempo.
Um instante não fora do tempo, mas posto no tempo, no que chamamos
de história; cruzando e atravessando o mundo do tempo, um instante no
tempo, mas que não parece só um instante do tempo.
Um instante no tempo, mas o tempo foi feito por esse instante, pois sem
o sentido, não há tempo, e aquele instante do tempo é que fez o sentido.
T. S. Eliot, *The Rock*

De uma maneira geral, a mente do criador se revela e, de certa forma, se encarna em toda a sua criação. As obras, tomadas isoladamente ou em conjunto, são manifestações no espaço-tempo da Energia e do instinto com o Poder da Ideia. Assim, o Espírito de Deus pairava sobre a face das águas primordiais e (como dizia Santo Irineu) "esteve presente entre a raça dos homens desde a eternidade". A personalidade do criador se expressa parcialmente, de forma gradativa e como que de modo impessoal, por meio dos personagens criados.

A doutrina cristã afirma ainda que a Mente do Criador também foi encarnada pessoalmente e de forma exclusiva. Examinando nossa analogia em busca de algo a que possa corresponder, podemos dizer que Deus escreveu sua autobiografia.

É claro que não podemos levar tal analogia longe demais. Mas podemos usá-la – como usamos todas as nossas analogias até aqui – para nos ajudar a descobrir o *sentido* de algumas das expressões mais obscuras e difíceis para comunicar essa doutrina.

Nesse contexto, a Ideia representará a personalidade completa do escritor, e o Poder será o poder dessa personalidade. A Energia (em seu aspecto desencarnado) será a completa autoconsciência de sua própria personalidade. Essa naturalmente é uma condição que nenhum escritor humano é capaz de realizar, mas, para nossos propósitos, teremos de pressupô-la, da mesma forma que pressupomos o pai ideal e a imaginação criativa ideal. A Energia, sendo assim consciente da sua própria Ideia, manifesta seu poder em forma material: ou seja, ela cria para si uma forma intelectual e um corpo material.

A primeira coisa que temos de notar quanto a isso é que o corpo é criado exatamente como todo o resto das criações do autor e sofre exatamente as mesmas limitações. A autobiografia é um livro como outro qualquer, todas as regras ordinárias de composição também se aplicam a ele. Mas ele é único, porque o autor aparece pessoalmente e sem disfarce, como um personagem de sua própria história; mas trata-se de uma história que ainda está sendo escrita, e ele é obrigado a tratar do seu próprio caráter *como* um personagem em toda a sucessão de eventos. Para ele, o personagem participa da plenitude eterna da sua própria consciência pessoal, mas para os outros personagens e o leitor, ele é apresentado no quadro do espaço--tempo-matéria do próprio livro. Ele é o criador desse quadro, uma vez que se trata da apresentação formal do assunto, e, ao mesmo tempo, ele é totalmente submisso à estrutura por ele criada. Ele aparece com uma dupla natureza, "divina e humana"; a história toda está contida dentro da mente do seu criador, mas a mente do criador também fica presa dentro da história e não pode fugir dela. Ele é "completamente Deus", à medida que é o único árbitro da forma que a história vai tomar, e, ainda, ele é "completamente homem", já que depois da criação da forma[1] ele é obrigado a desdobrar-se em conformidade com a natureza daquela forma.

Um segundo ponto a notar é o seguinte: que a autobiografia é, ao mesmo tempo, um único livro de uma série de obras criadas pelo autor e uma interpretação de toda a série. Se quisermos (como tantos de nós queremos) descobrir o que o escritor "quer dizer" com seus escritos, então, sem dúvida, vamos obter alguma luz pela leitura de sua revelação pessoal sobre si mesmo. Se for uma autobiografia boa (e o que estamos discutindo aqui é a autobiografia perfeita, de forma hipotética), ela nos revelará a relação de todos os outros livros com a Ideia que o autor faz de si mesmo, seja pela

---
[1] É claro que não quero sugerir que o escritor possa criar os *eventos* em termos de matéria-espaço-tempo de sua própria história de vida. O poder criativo do criador humano limita-se, como vimos, à criação da forma significativa e de entidades imateriais. É nesse quadro de forma e imaginação que o "eu" autobiográfico deve se conformar com a lei de sua criação.

similaridade seja pela dessemelhança em relação a ela. Isso valerá para os livros anteriormente escritos, e não apenas em relação à manifestação da Energia do escritor no tempo, mas também em relação à Ideia atemporal que corresponde à sua personalidade. Seremos capazes de acompanhar o seu desenvolvimento tanto em sua vida e em suas obras, quanto na identidade permanente de si mesmo que transcende o seu desenvolvimento e que constitui o que chamamos sua *"persona"*. O local e o momento exatos, dentro de suas obras, para o aparecimento da autobiografia, são selecionados a gosto pelo escritor, por razões que ele pode ou não querer explicitar; mas independente do momento de sua aparição, a revelação será válida tanto para o passado quanto para o futuro.

A revelação pessoal é única: um escritor não pode nos oferecer duas autobiografias – isto é, ele não pode mostrar-se como duas pessoas com dois percursos diferentes; qualquer outra revelação adicional será dada pela via da criação imaginativa. Ele também não pode se revelar muito bem e de outra forma que não a humana, já que todas as mentes humanas estão submetidas às condições do ser humano. Se lhe fosse possível outra coisa, tal revelação seria de pouco interesse para seus leitores, uma vez que eles não seriam capazes de compreendê-la. É claro que não há razão por que uma Mente infinita não se revelasse em um número infinito de formas, que se sujeitassem à natureza de cada uma daquelas formas em particular. Já se afirmou, em tom de sarcasmo, que, se um molusco fosse capaz de conceber a Deus, ele o imaginaria na forma de um grande, um enorme molusco. Claro. E se Deus se revelou aos moluscos, isso só poderia acontecer sob as condições do ser molusco, uma vez que qualquer outra manifestação seria totalmente irrelevante para a natureza do molusco. Por meio da encarnação, o Criador diz, com efeito: "Veja, assim se parece a minha Ideia eterna nos limites da minha própria criação. Essa é a minha humanidade, esse é o meu ser molusco, essa é a minha personalidade em um livro de personagens criados".

Em terceiro lugar: embora a autobiografia "seja" o autor, em um sentido segundo o qual as suas demais obras não o são, ela nunca poderá englobar a totalidade do autor. Ela continuará sendo apenas uma expressão formal submetida às limitações de qualquer forma material, de modo que, embora seja uma revelação verdadeira, ela não passa de uma revelação parcial: ela incorpora apenas aquela medida da mente que a matéria é capaz de conter. Sua incompletude não se deve a nenhuma imperfeição na mente; deve-se unicamente às limitações impostas pela forma literária. Teologicamente, diz-se da Palavra que é "igual ao Pai no que tange à Sua divindade e inferior ao Pai no que tange a Sua humanidade" – o que pode ser traduzido na linguagem analógica em: "Igual à Ideia no que tange à sua essência e inferior à Ideia no que tange à sua expressão". Ela não é inferior apenas no sentido pelo qual, ao contrário da Ideia, é limitada pela forma, mas também no sentido de que sua forma seja a criatura e, portanto, esteja sujeita à Ideia. – "Eu faço a vontade de Meu Pai." Isso não significa que a revelação não seja perfeita; ela é, como se costuma dizer, "a perfeição de sua espécie", mas a sua espécie só é capaz de chegar até aí e não além disso.

Há um quarto ponto quanto a escrever uma autobiografia sobre o qual vale a pena o criador humano refletir (causando certo desconforto). Como na criação de um personagem imaginado, mas em um grau muito mais elevado, trata-se de uma pura autotraição. A verdade sobre a personalidade do escritor quer se revelar, apesar de si mesma; toda e qualquer ilusão que ele possa ter alimentado sobre si mesmo se torna terrivelmente flagrante no momento em que começa a tratar a si mesmo como a um personagem criado, sujeito à natureza de sua própria arte.

Como em todos os trabalhos de criação, a falta de sinceridade leva a uma arte falsa. Não me refiro aqui, novamente, àquelas confissões sinceras de mazelas que um escritor humano (se ele for honesto) tornará parte do personagem criado, pois elas são parte integrante de sua Ideia e, portanto, parte da perfeição da autobiografia – elas são "boas" em termos de arte. (A "bondade" no sentido moral é uma questão bem diferente.) Quando, por exemplo, Benvenuto Cellini confessa alegremente suas próprias trapaças, nós as reconhecemos como autoexpressões perfeitamente "corretas". Se, no entanto, o autor, consciente ou inconscientemente, tenta se fazer passar por algo diferente do que é, haverá uma falsidade na expressão artística que corresponde à relação falsa entre Energia e Ideia, e o resultado, como sempre, será o fracasso do Poder. No campo da arte, essa é a lei inalienável da natureza, da qual o artista não pode jamais escapar: a verdade do que ele diz sobre si mesmo é testada contra a verdade da forma pela qual ele a diz. E isso, por sua verdade, e não pela elegância ou perfeição, embora também seja verdade que quanto maior a perfeição da forma, mais facilmente ela revelará qualquer falta de verdade. A falsidade acabará denunciando a si mesma, não no sentido moral de mentira, mas no sentido estrutural, que é o que o mestre de obras quer dizer ao afirmar que algo está "fora do prumo".

Por esse motivo, nenhuma falsa reverência deve nos impedir de submeter os produtos da criatividade humana aos mais rigorosos testes e exames. O certo é que eles sejam submetidos ao tipo mais severo de exame. Se a estrutura é realmente consistente, ela suportará toda a pressão e provará sua verdade precisamente por sua capacidade de resistência. Os reverenciadores inveterados, quer dos artistas mortais, quer dos imortais, prestam pouca honra aos seus ídolos considerando suas criações sagradas demais para um tratamento rigoroso, pois só o que alcançam é levantar a suspeita de que estejam com medo de essa estrutura se provar por demais frágil ou falsa. Mas escrever uma autobiografia, em todo o caso, é muito perigoso. De duas, uma: ou se trata de um sinal de grande falta de sensibilidade ao perigo ou de uma coragem quase sobrenatural. Ninguém senão um deus pode passar incólume pela provação divina inquiridora da encarnação.

CAPÍTULO 7

CRIADOR DE TODAS AS COISAS – CRIADOR DO MAL

Fausto: Quem te criou?
Mefistófeles: Foi Deus, como a luz cria a sombra.
Fausto: Então, Deus é mau?
Mefistófeles: Deus é luz somente, e no coração da luz não há sombra. Eu também não posso habitar na luz do céu onde Deus é tudo.
Fausto: O que és tu, Mefistófeles?
Mefistófeles: Eu sou o preço que todas as coisas pagam para ser. A sombra sobre o mundo, lançada pelo mundo, sustentando-se em pé na sua própria luz, luz essa que é Deus.

Dorothy Sayers, *The Devil to Pay*

Tomás de Aquino declarou [...] que era da natureza de Deus conhecer todas as possibilidades e determinar qual delas viria a se tornar fato. "Deus não conheceria perfeitamente as coisas boas, se Ele também não conhecesse as coisas más [...] pois já que o mal não pode ser conhecido por si só, porquanto 'o mal é a privação do bem', como diz Agostinho, portanto, o mal não pode ser definido nem conhecido, senão pelo bem". As coisas que não são e nunca serão, Ele não as conhece pela visão, como faz com todas as coisas que são ou serão, "mas pela simples força de compreensão da sua inteligência". Portanto, faz parte daquele conhecimento, que Ele entenda o bem pela privação do seu contrário; a essência do céu por sua oposição ao inferno, mas sem a sua "aprovação", sem que Ele chamasse essas coisas à existência.
Tal coisa não era possível ao homem [...]. Ser como deuses significou para Adão morrer, pois conhecer o mal, para ele, não era compreendê-lo por pura inteligência, mas conhecê-lo por experiência.

Charles Williams, *He Came Down from Heaven*

"Se Deus fez tudo, será que Ele fez o diabo?" Esse é o tipo de pergunta embaraçosa que qualquer criança pode fazer antes do café da manhã, e para a qual não há uma fórmula elegante e prática prevista nos manuais de pais e filhos. Com uma leveza bem parecida, um primo meu certa vez perguntou à minha tia: "Mãe, onde foi parar o ontem?". Ela corajosamente prometeu pesquisar o assunto, mas quando ela finalmente voltou, munida do parecer de um eminente filósofo de Oxford, quem fez a pergunta já havia perdido o interesse e, como um Pilatos zombeteiro, nem esperou pela resposta.

Em idade mais avançada na vida, entretanto, o problema do tempo e o problema do mal se mostraram desesperadamente urgentes, e não adianta nada nos dispensar, mandando-nos ir correr e brincar, com a desculpa de que entenderemos tudo quando crescermos. O mundo já está grisalho, e essas perguntas continuam sem resposta.

A resposta maniqueísta[1] à questão sobre o Diabo tem o mérito de parecer bastante sensata e de oferecer uma explicação aos fenômenos desse mundo conturbado. O bom Deus não fez o mal e não é onipotente. Há dois princípios no mundo que estão sempre em guerra, e que têm mais ou menos a mesma força: Deus, igualado à Luz e ao Bem, e o Arconte, que é equiparado à Escuridão e à Matéria. Segundo o mito, os poderes das Trevas atacaram os poderes da Luz e levaram cativos o Raio de Luz, ou Homem Ideal. Deus contra-atacou e libertou a maior e melhor parte do homem, mas entregou a parte mais fraca – *Jesus patibilis* [Jesus sensível] – para permanecer escrava dos poderes das Trevas, e foi dessa parte que o homem mortal foi formado. "Assim, o homem foi originalmente formado à imagem de Satanás, mas continha dentro de si uma centelha da luz divina, que aguarda a sua libertação definitiva pela sua separação da escuridão reinante em redor".[2] De acordo com essa doutrina, a matéria (e, portanto, o corpo) é de todo má,[3] e a vitória do bem só pode ser garantida por uma ascese rigorosa. Não há espaço para sacramentalismo na religião de Mani. O triunfo do Bem é tido como definitivamente assegurado, o que parece ser um pressuposto necessário, do contrário, por que outro motivo poderíamos chamá-lo de Bem? Esta doutrina dá conta de forma razoavelmente suficiente da mistura irremediável entre Bem e Mal

---

[1] Os maniqueus seguiam a crença nas doutrinas de Mani, Manes ou Maniqueus, um persa do século III, que pregava ser o corpo humano produto do Reino das Trevas, mas que sua alma vem do Reino da Luz. (N. E.)

[2] *Chambers's Encyclopaedia*: Art: Maniqueus.

[3] A doutrina maniqueísta admite o Jesus histórico (*Jesus impatibilis*), mas não admite que Ele tenha sido um homem mortal, mas um fantasma, que não sofreu de fato no Seu corpo.

no homem, mas não da existência do Mal em si. Aquela criança poderia continuar, perguntando: "Quem fez o Diabo?". Da mesma forma que: "Quem fez Deus?" e "Como podemos ter certeza de que Deus vai acabar vitorioso no final?".

Outra teoria propõe que o Mal não tenha existência positiva, mas seja somente uma privação do Bem.[4] O Diabo é a negação – *Der Geist der stets verneint* [O espírito da negação perpétua]. Isto é confuso e difícil de entender, mas está muito mais em harmonia com o sentimento ocidental do que a teoria contrária, a dos budistas, que diz que o supremo bem é a realização do Nada; a última também leva a um estilo de vida totalmente ascético e à condenação do corpo material.

Finalmente, há a doutrina de que a Divindade suprema não é boa, nem má, mas que está "além do bem e do mal".

Não temos espaço aqui para examinar todas essas teorias e seus méritos. Podemos, no entanto, ver se conseguimos encontrar algo na nossa analogia literária que possa lançar luz sobre a natureza do Mal.

Entretanto, temos de fazer algumas ressalvas a isso logo de início. O "Mal" para os nossos efeitos não deve ser entendido como sendo o *Mal moral*. O criador humano, que vive e anda dentro de um universo onde o mal (seja ele qual for) faz parte da natureza das coisas, é obrigado a considerar ambos, o Bem e o Mal, como parte de sua Ideia. Eles são o meio com o qual ele trabalha. Só podemos contemplar o tipo especial de Mal que aparece em relação ao seu ato particular de criação – aquele tipo que se resume na expressão "arte ruim". No processo de escolha das palavras, por exemplo, a palavra "certa" não será a palavra moralmente edificante, mas a palavra que encarna a sua Ideia da forma "certa", não importa se a Ideia em si é moralmente boa ou má, ou se está "além do bem e do mal". Para quem está envolvido no seu ato criativo, o "bem" é um bem artesanal, a "beleza" é a beleza artística, e a "verdade" é a verdade estrutural. Não devemos confundir as nossas próprias mentes, permitindo que a nossa analogia se estenda para fora de seus termos de referência.

É bom lembrar que não se está discutindo ainda o que acontece com um mau escritor. Um escritor ruim é tão claramente o autor da maldade em seus livros que esse ponto torna-se quase desnecessário mencionar.

---

[4] Santo Agostinho, *Confissões*, III, 7.

Se o Criador de um mundo é mau, então não precisamos quebrar a nossa cabeça com a pergunta – "Quem fez o diabo?". A dificuldade só aparece quando dizemos "Deus fez tudo e Deus é bom, então de onde veio o mal?". Existirá, então, nos termos de nossa analogia, qualquer sentido pelo qual possamos dizer que um bom escritor é o criador do mal artístico ou da "injustiça" artística?

E aqui nos deparamos com uma série de especulações sobre o fascinante "*on kai me on*", o ser e o não ser. Está tudo muito bem quando o Fausto de Marlowe exclama impaciente: "Diga adeus ao *Onkaimeon*" – a mente investigativa acha muito difícil deixar um assunto tão intrigante de lado. Podemos até fazer um esforço para entender o "ser", mas o que seria o "não ser"? Se nos propomos a "pensar em nada", percebemos que nos envolvemos em um exercício demasiado difícil. Isso não parece ser exatamente o mesmo que "não pensar em coisa alguma". O "nada" só parece não ser nada quando nos abstemos de pensar sobre ele; mas qualquer pensamento ativo é capaz de transformá-lo em alguma "coisa" – na verdade, ele adquire precisamente aquele tipo vago e inquietante de realidade que estamos acostumados a associar aos números negativos da álgebra. O Professor Eddington colocou a essência do problema claramente diante de nós neste enigma: "O buraco da rolha faz parte do barril?". Depende, conforme ele diz, do que você quer dizer com "parte", mas também pode depender, em certa medida, do que você quer dizer com "barril". Nesse ponto, ficamos totalmente enredados nos nós impossíveis de desatar da definição do mal como "privação de bem". Temos de explicar para nós mesmos por que esse conceito totalmente negativo assume a aparência de um fenômeno tão positivo e ativo.

"Ele criou o mundo a partir do nada." Não existia nada antes de ter sido feito: isto parece ser bastante fácil de entender em termos coloquiais. Menos fácil é a seguinte formulação: antes da criação de qualquer coisa, existia o nada. A reificação do nada adquire, na cabeça de alguns filósofos, um aspecto de realismo tão convincente, que eles lhe atribuem qualidades e um modo de ser. Berdiaev encontra no nada que precedeu a criação a origem e a morada da liberdade, incluindo o livre-arbítrio.

> O mundo e o centro do mundo – o homem – é a criação de Deus através da Sabedoria, através de ideias divinas, e ao mesmo tempo é o filho da liberdade

meônica não tratada, o filho do insondável não ser. O elemento de liberdade não vem de Deus Pai, pois é anterior ao ser [...] A liberdade insondável que brota do não ser entrou no mundo criado, consentindo com o ato da criação.[5]

E acrescenta:

Se pensarmos de forma profunda e intensa, seremos obrigados tanto a identificar o mal com o não ser quanto a admitir o seu significado positivo. O mal é um retorno ao não ser, uma rejeição do mundo e tem, ao mesmo tempo, um significado positivo, porque desperta, como uma reação contra si mesmo, o poder criativo supremo do bem.[6]

A frase mais intrigante em tudo o que foi dito é, penso eu, a que afirma que a liberdade meônica se dê "antes de ser". Se Deus é o Ser último e absoluto, isso não significa apenas que "nada seja anterior a Deus" (o que, no sentido puramente negativo, é um truísmo ortodoxo), mas que este nada seja alguma coisa que tem uma propriedade dele, qual seja, a Liberdade, e um modo de ser próprio, qual seja, o Tempo. A expressão "antes de" sugere uma prioridade *no Tempo*. A conclusão parece ser a de que houve uma época em que Deus (que é o Ser) não estava. Em outros lugares, porém, Berdiaev sustenta que Deus existe na modalidade da Eternidade, que não tem nenhuma ligação com o Tempo em geral.

O tempo é uma modalidade tão íntima de nossa própria existência que fica difícil conceber o Tempo separado do Ser ou o Ser separado do Tempo com igual intensidade. Talvez isso signifique que não devemos mesmo tentar concebê-los separadamente: pois os cientistas frequentemente nos advertem de que as perguntas que geram respostas sem sentido geralmente acabam por se mostrar perguntas sem sentido. Seria mais promissor considerar o Tempo como parte da criação ou, então, que talvez o Tempo esteja necessariamente associado ao ser em atuação – isto é, não a Deus, o Pai, mas ao Filho de Deus; à Energia criativa, não à Ideia.

Aqui a nossa analogia pode ser útil, demonstrando a curiosa associação do Não Ser com o Ser, e o efeito ainda mais curioso que ambos exercem sobre o Tempo. O que eu quero dizer com isso é que o Ser (pelo simples fato *de ser*) cria o Não Ser, não apenas e ao mesmo tempo no

---

[5] Nikolai Berdiaev, *O Destino do Homem*.
[6] Ibidem.

mundo do Espaço, mas também em toda a extensão do Tempo que vem depois dele. Assim, embora na ausência do Ser seja absurdo dizer que o Não Ser precede o Ser, na presença do Ser, contudo, essa proposição se torna não apenas significativa, mas também verdadeira, pois o Ser o criou dessa forma. Ou, para usar a mais familiar de todas as metáforas, "antes" da luz não havia nem luz nem trevas; a escuridão não será escuridão enquanto a luz não tornar possível o conceito de escuridão. A escuridão não pode dizer: "Eu precedo a luz que vem aí", mas há um sentido em que a luz pode dizer: "As trevas me precederam".

Shakespeare escreve *Hamlet*. Esse ato de criação enriquece o mundo com uma nova categoria de Ser, a saber: *Hamlet*. Mas, ao mesmo tempo, ele enriquece o mundo com uma nova categoria de Não Ser, a saber: Não *Hamlet*. Tudo que está além de *Hamlet*, até os confins do universo, adquire, além de suas características anteriores, a característica de ser Não *Hamlet*; todo o passado se torna imediata e automaticamente Não *Hamlet*.

Agora, em certo sentido, é verdade dizer que o passado era Não *Hamlet*; antes de *Hamlet* ter sido criado ou pensado; isso é, sim, verdade, mas não faz sentido, pois sem *Hamlet* não há significado que possamos possivelmente atribuir ao termo Não *Hamlet*. Sem dúvida, há um evento X no futuro, em relação ao qual podemos dizer que estamos presentes na categoria de Não X, mas enquanto X não acontecer, a categoria Não X é desprovida de realidade. Somente X pode dar realidade a Não X, isto é, a realidade do Não Ser depende do Ser. Com isso, podemos reconhecer, de modo tímido, em que sentido é possível dizer que a criação do Tempo criou automaticamente um tempo em que não havia Tempo, e como é possível dizer que o Ser de Deus é capaz de criar um Não Ser, o qual não é Deus. O buraco da rolha é tão real quanto o barril, mas essa realidade depende da realidade do barril.

Se dermos continuidade a essa argumentação, podemos experimentar resolver a questão da definição de Mal como a privação ou a negação do Bem. Se o Mal pertence à categoria de Não Ser, então temos duas consequências. Primeiro: a realidade do Mal depende da realidade do Bem; e, em segundo lugar, o Bem, por sua mera ocorrência, inevitavelmente cria seu Mal correspondente. Nesse sentido, portanto, Deus, o Criador de todas as coisas, cria o Mal da mesma forma que o Bem; porque a criação de uma categoria de Bem necessariamente cria uma categoria de Não Bem. Desse ponto de vista, aqueles que dizem que Deus está "Além do Bem e do Mal" estão absolutamente certos: Ele transcende a ambos, porque ambos estão incluídos dentro de seu Ser. Mas o Mal não tem realidade, exceto em relação ao seu Bem, e isso é o que se pretende dizer quando se diz que o Mal é a negação ou a privação do Bem.

Mas ainda não levamos o nosso exemplo de *Hamlet* às últimas consequências. Enquanto o Não Ser permanece negativo e inativo, não produz nenhum efeito particular, bom ou mau. Mas se o Não *Hamlet* se associa com a consciência e a vontade, nós obtemos algo que não é meramente Não *Hamlet*: obtemos um anti-*Hamlet*. Suponha que alguém tenha se conscientizado de ser Não *Hamlet*, e esta consciência tenha se tornado o centro de sua vontade e atuação. A vontade criadora, que é tão livre e ativa quanto Deus, é capaz de querer chamar o Não Ser à existência e assim produzir um Mal que já não é mais negativo, e sim positivo.[7] Foi isso, segundo o antigo mito da Queda, que aconteceu com a humanidade. Eles desejavam ser "como deuses, conhecedores do bem e do mal". Deus, de acordo com Tomás de Aquino, conhece o Mal "pela simples força da inteligência", ou seja, na categoria de Não Ser. Mas os homens, não sendo inteligências puras, mas criados dentro de uma estrutura espaço-temporal, não poderiam "conhecer" o Mal como Não Ser – eles só poderiam "conhecê-lo" por experiência, ou seja, associando a sua vontade a ele, chamando-o assim à existência ativa. Foi desta maneira que a queda passou a ser descrita como a "queda na autoconsciência", ou também a "queda da vontade própria". E quem sabe possamos reconhecer por que os maniqueus estavam, até certo ponto, justificados em associar o Mal à Matéria, mas não no sentido em que a Matéria seja má em si, mas em que esse seja o meio pelo qual se experimenta o Mal ativo.

Reiteramos que a nossa analogia literária deve ser usada para ilustrar essa distinção entre o mal que se conhece por pura inteligência e o Mal conhecido pela experiência.

Suponhamos que o nosso escritor perfeito esteja compondo uma obra – vamos chamá-la de poema perfeito. Em certo ponto específico deste ato criativo, ele escolhe a palavra "certa" para um ponto específico do poema. Só existe uma palavra "plenamente correta" naquela altura para a

---

[7] Teologicamente: a *privatio* levando a uma real *depravatio* (Robertson).

expressão perfeita da Ideia. O próprio processo de escolher uma palavra "correta" torna, automática e necessariamente, qualquer outra palavra do dicionário "errada". Esse tipo de "erro" não é inerente às próprias palavras – cada uma delas pode ser uma palavra "certa" em qualquer outro ponto do poema – sua "Maldade" está subordinada à "justiça" da palavra escolhida. O poeta criou o "errado" no ato de criação do "certo". Ele chamou à existência um bem que não existia antes, e ao mesmo tempo fez um mal que não existia antes. Por outro lado, não havia possibilidade de fazer o bem sem fazer o mal também.

Agora, o simples fato da escolha da palavra "certa" *ser já* uma escolha implica que o escritor está potencialmente ciente de todas as palavras erradas, tanto quanto da certa. No ato criativo, a sua Energia passou em revista (de forma consciente ou não) todas as possibilidades "erradas", para a seleção da certa. Ele poderia ter escolhido a palavra certa de cara, como por inspiração, ou brincado com certa quantidade de palavras erradas antes de fazer a sua escolha. Isso não importa. O que importa ressaltar é que a Energia precisa gastar mais suor e lágrimas em alguns momentos do que em outros. O que importa é que a sua inteligência "conhece", de forma potencial e contingente, todas as palavras erradas. Ele é livre para dar existência ativa a qualquer uma dessas palavras erradas ou a todas elas no seu poema, se assim quiser, da mesma forma que Deus é livre para dar existência ativa ao Mal, se assim quiser. Mas o poeta perfeito não faria isso, porque sua vontade encontra-se subjugada à sua Ideia, e associá-la com a palavra errada seria contrário à lei de seu ser. Ele prossegue com o seu ato criativo, numa perfeita unidade entre vontade e Ideia, e eis que vê: ela é boa.

Infelizmente, sua criação só estará a salvo da interferência de outras vontades enquanto permanecer em sua cabeça. Ao materializar o seu poema – isto é, ao escrevê-lo e publicá-lo –, ele o submete ao impacto de vontades alheias. Essas vontades alheias podem, se assim o desejarem, tornar-se ativamente cientes de todas as palavras possivelmente erradas e chamá-las à existência positiva. Elas podem, por exemplo, citar ou interpretar mal ou alterar o poema deliberadamente. Esse mal é independente, contingente do bem original do poeta: você não pode citar ou interpretar mal um poema que não existe, e (nesse sentido) o poeta é responsável por todas as citações errôneas posteriores de seu trabalho. Mas raramente se pode considerá-lo culpado delas.

Citação ou interpretação erradas e distorção deliberada produzem o mesmo tipo de mal de maneiras diferentes. Nós as percebemos como infrações bem diferentes. A citação errada decorre da negligência ou da má memória; a interpretação errada deve-se à falta de compreensão; e a distorção deliberada vem de uma intencionalidade perversa: podemos chamá-las de defeito mecânico (ou material), erro intelectual ou debilidade moral. Na verdade, porém, o que elas têm em comum é que todas decorrem da circunstância de que essa outra pessoa está tentando ser "como Deus", sem ser Deus de verdade. O poeta (nos termos dessa analogia) é deus – o único deus daquela criação particular. Sua mente seria a única a conhecer a sua própria Ideia. Se mais alguém pudesse ser o deus do poema, sua Ideia seria idêntica à Ideia do poeta, e sua Energia levaria à mesma "boa" criação. Mas como esse não é o caso, a nova vontade vai contra a Ideia de "Deus", e ao associar-se com as palavras "erradas" ela gera erro "ativo".

É bem possível que essa nova vontade esteja cheia de boas intenções. Quanto melhores as intenções, mais fortemente a vontade se associará a elas, e mais desastrosos serão os resultados. Se disséssemos, de forma negligente, "caviar para a multidão" em vez de "caviar para o general", esse seria um engano quase acidental, que causaria relativamente pouco dano a *Hamlet*. Seria mais prejudicial a *Hamlet* parafrasear: "Mais honrado na transgressão do que na observância", como se isso significasse "honrado mais vezes", em vez de "honrado de forma mais apropriada", porque a Ideia é mais violentamente distorcida, e a perda de Energia criativa é maior. Mas comportar-se como David Garrick, e reescrever *Hamlet* deliberadamente com o propósito expresso de melhorá-lo seria de influência infinitamente mais prejudicial para a Energia criativa de *Hamlet*. Esse tipo de pretensa igualdade com Deus causa danos realmente incalculáveis. Ela reduziria o nobre trabalho de criação ao absurdo; e a desculpa de que Garrick achava que estava melhorando a peça só agravaria ainda mais a presunção.

A mente humana sempre foi consciente desta escala ascendente do Mal, que parte do material, passa pelo intelectual e chega até o moral. Ela reconhece que o Mal moral é o pior de todos, porque está associado a mais vontade e mais autoconsciência e, consequentemente, a mais Poder. O Poder pode proceder do Mal, tão logo o Mal seja chamado ao Ser ativo, porque depois volta ao que era quando entra em contato com Deus, o Ser supremo e a fonte de todo Poder. Por essa razão é que se diz que toda atividade vem de Deus, mesmo a atividade má. O Poder que o anti-*Hamlet* possui deriva originalmente do Poder que está em *Hamlet*, sem o qual ele não poderia ser.

O que, então, fazer com os anti-*Hamlets*? Nesse caso específico podemos, até certo ponto, identificar o mal e impedir que ele cause danos no futuro, embora o seu histórico de mal permaneça real. Mas será que há mais alguma coisa que possamos fazer? Podemos sim, podemos consertá-lo. Ou seja, é possível reverter o seu poder maligno em bem ativo. Podemos, por exemplo, dar uma boa risada a respeito de David Garrick. Ao fazê-lo podemos, por assim dizer, absorver o Mal do anti-*Hamlet* e transmutá-lo em uma forma inteiramente nova de Bem. Esse é um ato criativo, e é o único tipo de ato que vai realmente transformar o Mal positivo em Bem positivo. Ou, então, podemos usar o exemplo horrendo de David Garrick para a edificação, que é o que eu tentei fazer aqui, na esperança de que este venha a revelar-se um bom ato criativo.

Mas só podemos fazer tudo isso se primeiro voltarmos a entrar em contato com a Ideia original grandiosa que estava em *Hamlet* – pois nunca seremos capazes de descobrir o quanto Garrick estava errado, até percebermos o quanto Shakespeare estava certo. Dessa forma, podemos (ainda que lamentássemos que David Garrick tivesse posto qualquer coisa no papel) enriquecer o mundo com uma Bondade cada vez mais multiforme, ao contrário do que teria sido possível sem a interferência do mal de David Garrick. O que não podemos fazer é fingir que nunca existiu um Garrick, ou que suas atividades não tivessem sido más. Isto é, também não devemos fingir que a Queda nunca aconteceu, nem dizer que a Queda foi uma coisa boa em si. Mas podemos remediar a Queda por meio de um ato criativo.

De acordo com a doutrina cristã, essa foi a maneira como Deus agiu, e é a única maneira como podemos agir se quisermos ser "como deuses". A Queda se deu como fato e o Mal foi chamado à existência ativa. A única forma de transformar o Mal em Bem foi redimi-lo por uma criação nova. Mas, uma vez que o Mal fora experimentado, ele só poderia ser resgatado por meio da experiência, isto é, por uma encarnação em que a experiência estivesse plena e livremente de acordo com a Ideia.

CAPÍTULO 8

PENTECOSTE

Se alguém ouvir minhas palavras e não as guardar, eu não o julgo, pois não vim para julgar o mundo, mas para salvar o mundo. Quem me rejeita e não acolhe minhas palavras tem seu juiz: a palavra que proferi é que o julgará no último dia.

João 12,47-48

No entanto, eu vos digo a verdade: é de vosso interesse que eu parta, pois, se não for, o Paráclito não virá a vós. Mas se for, enviá-lo-ei a vós.

João 16,7

PODER
Através das crescentes faculdades dos nossos sentidos,
o Poder, da única grandiosa Mente se torna ferramenta
de criação que o concebe e recebe ao mesmo tempo.

William Wordsworth, The Prelude

Quando a Ideia do escritor é revelada ou encarnada pela sua Energia, então, e somente então, é que seu Poder pode atuar no mundo. Em outras palavras e de forma mais óbvia, um livro só exercerá influência se alguém conseguir lê-lo.

Antes de a Energia ter sido revelada ou encarnada, ela já se encontrava, como vimos antes, em forma de Poder na mente do criador, mas agora esse Poder está liberado para a comunicação com outros seres humanos, e retorna de suas mentes para a dele, enriquecido com uma nova resposta. Ela permanece nelas e trabalha em cima delas com energia criativa, produzindo novas formas de manifestações de Poder nelas.

Esse é o Poder da Palavra, e ele é bastante perigoso. Toda palavra, mesmo a mais ociosa, será levada em conta no dia do juízo, porque a palavra em si mesma tem o poder de trazer o juízo. É da natureza da palavra revelar-se e encarnar-se – assumindo forma material. Por isso, seu julgamento é intelectual, mas também é um julgamento material.

O hábito que prevalece hoje em dia, de dispensar as palavras como "nada mais do que palavras", ignora o seu poder. Mas uma vez que a Ideia tenha penetrado nas suas mentes, ela tenderá a encarnar-se novamente ali com Energia e Poder invariavelmente crescentes. Ela pode encarnar-se por algum tempo apenas em mais palavras, mais livros, mais discursos; mas chegará o dia em que ela se encarnará em ações e esse é o dia do juízo final. No momento em que as palavras são aqui escritas, estamos testemunhando um juízo de sangue assustador, resultante da encarnação de uma Ideia em ações às quais dávamos bem pouca importância enquanto não passavam de conteúdos verbais. A discussão sobre quais sejam as Ideias (moralmente) boas e quais "antiboas" não é o propósito do presente livro; mas o que está agora manifestado é o Poder. Qualquer Ideia cuja Energia se manifesta no Poder de um Pentecoste é boa, de seu próprio ponto de vista. Ela se revela como sendo um ato de criação verdadeiro, mesmo que seja uma ideia má; ela se torna criativa, em grande escala, pela negação ativa – quer dizer, pela destruição. O fato, entretanto, de que "toda a atividade vem de Deus" significa que nenhuma Ideia criativa pode ser completamente destrutiva: algum tipo de criação será produzido junto com a destruição. E é o trabalho da mente ativa reconhecer que a destruição é redimida por seus elementos criativos.

É tarefa da educação aguardar o Pentecoste. Infelizmente há alguma coisa sobre os planos educacionais, especialmente em relação à avaliação, que está em franca desarmonia com as manifestações do Pentecoste. A Energia das Ideias não parece descer à mente receptiva com a mesma vitalidade que deveríamos esperar de línguas de fogo. É bem possível que esteja faltando algo à nossa Ideia de educação; possivelmente algo inibidor esteja obstruindo a força da Energia. Mas o Pentecoste há de acontecer, quer seja no âmbito da educação formal, quer fora dele. Não importa de que lado ele surja, o Poder descerá, para inflamar ou queimar, até que esteja pronto para manifestar uma nova revelação. Não se deve supor que a mente de um leitor que não seja receptiva a Platão, só por isso também não seja receptiva a Nietzsche ou Karl Marx. Mesmo nesse caso, ela poderia ser receptiva a Wilhelmina Stitch[1]

---

[1] Essa poetisa inglesa, que usava esse nome, mas na verdade se chamava Ruth Collie (1888-1936), é pouco conhecida, mas foi considerada suficientemente importante para ser

ou a Hollywood. Nenhuma Ideia encarnada é destituída de Poder. Se a Ideia for insignificante, a Energia dispersa e o Poder obscuro, o espírito que habita ali será insignificante, disperso e obscuro – mas tal como é, assim será sua resposta, bem como sua manifestação no mundo.

É por meio do Poder que alcançamos na mente do mundo um reflexo da trindade original, da forma concebida pela mente do escritor. Isso significa que, para o leitor, o livro se apresenta como um ser tríplice.

Primeiro: temos o Livro como foi Pensado – a Ideia do livro existente na mente do escritor. Disso o leitor só pode ter consciência por fé. Ele sabe que ela existe, mas ela é incompreensível para ele, exceto por meio de suas manifestações. É claro que ele pode supor, se assim o desejar, que o livro não corresponda a nada na mente do escritor; ele pode, se assim desejar, pensar que aquela forma visível surgiu por mero acidente e que não haja e nunca tenha havido tal pessoa, chamada escritor. Ele é perfeitamente livre para pensar assim, embora, na prática, ele dificilmente se valha dessa liberdade. Quando se trata de um livro, a média das pessoas é teísta confessa. Há pouco tempo, havia entre as pessoas com estudo uma leve tendência para o politeísmo. Em casos particulares, isto é, lá onde não havia evidência externa do escritor, promoveu-se a teoria de que a *Ilíada*, por exemplo, e a *Canção de Rolando* tivessem sido escritos pelo "povo"; alguns extremistas sugeriram que eles simplesmente "aconteceram" por mero acaso – embora até essas pessoas se tivessem e visto forçadas a admitir a mediação ao menos de uma pequena democracia de divindades em miniatura para explicar a forma material pelas quais essas manifestações se apresentam. Hoje em dia, a doutrina politeísta caiu em descrédito, de uma forma ou de outra; em todos os casos, admite-se de uma maneira geral que a Energia exibida em obras escritas deve ter emanado de algum tipo de Ideia em uma mente pessoal.

Segundo: temos o Livro como foi Escrito – a Energia ou Palavra encarnada, a imagem expressa da Ideia. Esse é o livro que se encontra na nossa biblioteca, com tudo que se relaciona a ele: personagens, episódios, a sucessão de palavras e frases, estilo, gramática, papel e tinta, e, é claro, a história em si. A encarnação da Energia se sustenta inteiramente nos moldes espaço-temporais: ela foi escrita com um tinteiro material e impressa por

---

pintada pelo artista Howard Coster. Seus retratos podem ser encontrados na Galeria de Retratos Nacionais do Reino Unido. (N. T.)

uma máquina material, sobre papel material; as palavras foram produzidas como uma sucessão de eventos que seguiram uns aos outros no tempo. Qualquer perenidade, falta de limites ou a não criatividade que possa caracterizar o livro não pertencem ao aqui e agora, mas à mente. O *corpo* da Energia é uma coisa criada, estritamente limitada ao tempo e ao espaço, e submetida a qualquer acidente que possa acometer a matéria. Se não gostamos do livro, temos a liberdade de queimá-lo em praça pública, ou humilhá-lo de qualquer outra forma, negando-o, cuspindo nele, ou escrevendo resenhas hostis sobre ele. Mas temos de ser cuidadosos em fazer com que ninguém o leia, antes de tomarmos as medidas para eliminá-lo; do contrário, ele poderá nos desconcertar, ressurgindo de novo – ou como uma nova Ideia da mente de alguém, ou até (se alguém tiver uma boa memória) por meio de um corpo ressurreto, substancialmente o mesmo, ainda que feito de material novo. Nesse sentido, Herodes se mostrou muito mais competente e realista do que Pilatos e Caifás. Ele entendeu o princípio de que, se pretendesse destruir a Palavra, deveria fazer isso antes que ela tivesse tempo para se comunicar. A crucificação se deu tarde demais.

Terceiro: temos o Livro como foi Lido – o Poder de seu efeito sobre e no interior da mente que a ele responde. Esses são um exame e uma análise muito difíceis de fazer, pois a nossa própria percepção da coisa é precisamente o que estamos tentando perceber. Como se pode ver, podemos, sim, observar os vários aspectos disso: o que não podemos apreender, nem examinar, é o movimento da nossa própria mente [quando lê]. Semelhantemente, também não somos capazes de acompanhar o movimento de nossos próprios olhos no espelho. O que podemos fazer é virar a cabeça e observá-los nessa e naquela posição, mas nunca no ato de olhar para outra coisa que não seja o espelho. Assim, a ideia que temos de nós mesmos está fadada a ser falsificada, porque tudo aquilo que para os outros parece ser a parte mais móvel e viva de nós mesmos, a nós nos parece artificialmente fixa. O olho é o órgão pelo qual vemos todas as coisas, e, por essa razão, trata-se da única coisa que não podemos enxergar realmente. O mesmo vale para o nosso poder de reação a um livro, ou a qualquer outra coisa no gênero. Essa é a razão por que os livros sobre o Espírito Santo são curiosamente difíceis de entender e pouco satisfatórios – não podemos de fato deitar os olhos sobre o movimento do Espírito, pelo simples fato de Ele ser o Poder, através do qual enxergamos.

Entretanto, podemos observar uma ou duas coisas quanto a isso – pois são aspectos fixos do Poder. Da mesma forma que a própria Ideia, a mente é imaterial e intemporal. Quando dizemos que "conhecemos *Hamlet*", não queremos dizer meramente que nos lembramos de toda a sucessão de palavras e eventos em *Hamlet*. O que queremos dizer é que temos consciência de *Hamlet* como um todo – do seu "fim no começo" – em nossa mente. Podemos comprovar isso pela nossa reação tão diferente quando assistimos a uma apresentação de *Hamlet*, por um lado, e a uma peça inteiramente nova, por outro. Quando assistimos à peça nova, entramos em contato com a Energia, que percebemos como uma sequência no tempo; ficamos imaginando "como as coisas acabarão sendo resolvidas". Se nos perguntarem na hora do intervalo o que achamos da peça, só conseguiremos dar uma resposta bastante vaga. Temos a sensação de que tudo depende do último ato. Mas quando as cortinas finalmente se fecham, temos uma percepção bem diferente da peça – podemos pensar nela como um todo, e reconhecer como todos os episódios se relacionam uns aos outros para produzir algo dentro de nossas mentes que seja *mais* do que a soma das sensações parciais que tivemos, enquanto estivemos sentados na plateia. É dessa forma completa e intemporal que ela ocupa a nossa memória. A Energia está agora relacionada com a Ideia, mais ou menos da forma como ela se encontrava na mente do dramaturgo: a Palavra retornou ao seu Pai.

Quando assistimos a *Hamlet* (ou a qualquer outra peça que "conhecemos" de antemão), já temos esse arcabouço em mente desde o começo. À medida que a peça se desenrola, estaremos em condições de relacionar a parte ao todo ponto a ponto; e a sequência temporal, à eternidade. Da mesma forma que o escritor se deu conta, enquanto escrevia, de que havia uma Ideia completa em sua mente – pelo fato de ele ter-se visto relacionando o progresso de sua obra àquela Ideia, passo a passo – nós também nos damos conta, ao assistir à peça, de que há aí um "*Hamlet* completo" na nossa própria mente, ao qual estamos empenhados em relacionar cada palavra e ação que se passam diante de nós. Nosso conhecimento de como todas as coisas "se relacionam" umas às outras nos proporciona uma compreensão mais profunda e um julgamento melhor de cada parte, porque agora podemos relacioná-las não apenas ao passado, mas também ao futuro; e, mais que isso, à unidade da obra que para nós transcende a sequência temporal. É como se a Ideia do escritor tivesse passado da eternidade para o tempo e, depois, de volta para a eternidade – sem deixar de ser aquela Ideia, mas estando agora carregada de uma ênfase diferente do Poder criativo, que provém da nossa própria resposta. E não é só isso: quando se trata de uma peça como *Hamlet*, que já estimulou respostas poderosas na mente de várias pessoas, nossa resposta pessoal se relacionará a uma unidade maior, que inclui todos aqueles outros focos de Poder. Todo estudioso e crítico que já escreveu sobre *Hamlet*, todo grande ator que já tenha atuado na peça, todo pintor ou músico que tenha descoberto a fonte de poder criativo em *Hamlet*, retransmite esse poder ao espectador, de acordo com a capacidade de resposta que se encontra em cada um.

Assim, as palavras e frases se tornam carregadas de um novo Poder adquirido, ao passar pela mente de escritores sucessivos. Os cientistas puros (que acham esse tipo de poder embaraçoso demais para eles) estão sempre lutando em vão para libertar as palavras de seu poder de associação; a única desculpa que eles têm para a formação de palavras esteticamente ruins que formulam para seus propósitos é dispor de pouco Poder criativo em relação ao artista. Aqui vai um pequeno exemplo. Um perito em armas explosivas me corrigiu certo dia por ter usado a palavra dinamite como exemplo da força explosiva. Ele alegou, com toda a razão, que a dinamite estava fora de moda; que hoje em dia se tem grande quantidade de substâncias que explodem de forma mais instantânea e com efeito mais devastador. Para defender o meu ponto de vista, afirmei que as palavras mais modernas, por mais que fossem associadas a um maior poder material, estavam imbuídas de menor poder literário. Dinamite traz consigo o poder acumulado, que vem do grego *dynamis* – associando-se a conceitos como, por exemplo, os que pertencem às palavras dínamo, dinâmico, dinastia, e assim por diante – e apresenta associações literárias como "*The Dynasts*" [Os Dinastas], de T. Hardy. O poema de Hardy nos faz pensar na explosão do poder de Napoleão; a dinastia está ligada ao poder do Egito antigo, como o imaginamos em nossa mente. A expressão trinitrotolueno (que eu poderia ter usado), pelo menos atualmente, é muito menos rica em poder verbal de associação; além disso, suas sílabas infelizmente se associam a composições que, em seu tom, contribuem muito pouco para a expressão energética de "força explosiva", por mais poderosas que possam ser no seu campo próprio.

É interessante sondar a nossa própria mente para descobrir, se é que isso é possível, quais foram as fontes combinadas de poder que moveram, consciente ou inconscientemente, os esforços para dar expressão escrita a uma Ideia. Posso citar, por exemplo, uma série de passagens conhecidas que aparentemente estavam na minha cabeça quando concebi o título de *The Nine Tailors* [Os Nove Alfaiates]:

> entre as aclamações dos astros da manhã
> e os aplausos de todos os filhos de Deus?
> Jó 38,7

> Acima dele, em pé, estavam serafins, cada um com seis asas: com duas cobriam a face, com duas cobriam os pés e com duas voavam.
> Isaías 6,2

> cavalgou um querubim e voou,
> planando sobre as asas do vento.
> Salmos 18,11

> Com grito santo e júbilo solene,
> Onde os serafins resplandecentes se enfileiram,
> Toca o trompete do seu anjo mais elevado,
> E as multidões de querubins, em milhares de coros,
> Tocam as suas harpas imortais de cordas douradas,
> E com espíritos justos, que carregam palmas vitoriosas,
> Hinos devotos e sagrados Salmos
> Cantam eternamente
> John Milton, *At a Solemn Music*

> Os anjos esculpidos, cada vez mais ansiosos,
> Estão parados com adornos enfeitando suas cabeças,
> Com os cabelos ao vento e asas colocadas transversalmente sobre o seu peito.
> J. Keats, *The Eve of St. Agnes*

> Só eles não veem a Deus, bem o sei.
> Nem veem a sua nobreza,
> os soldados santos que, em fileira
> elevam-se ardendo cada qual em seu êxtase.
> Robert Browning, *The Statue and the Bust*

[...] incrivelmente reservados, arremessando para trás o cabelo reluzente e asas douradas estendidas no lusco-fusco, os anjos voavam em fila, querubins e serafins, de coro em coro, a partir da viga e da pedra, elevam-se flutuando face a face.
   D. L. Sayers, *Os Nove Alfaiates*

 Em aditamento às passagens citadas, é claro que se pode mencionar as associações diretas com as abóbodas angelicais reais, tais como aquelas da March Parish Church, que eu conheço bem, e as imagens de outras, tais como aquelas do mercado de Needham. Podem-se acrescentar ainda, penso eu, vagos ecos de outras associações mais remotas:

[...] toda a rica cidade obscura, escala de abóboda em abóboda,
De torre em torre, de pináculo em pináculo,
pelo bosque e jardins de relva e riachos rápidos,
ascendendo até o salão que Merlim construiu.
E quatro grandes cirandas com esculturas, postas no meio
de muitos símbolos místicos, cingem o salão:
E nos níveis mais baixos, animais estão matando homens,
e no segundo, homens matam animais,
e no terceiro há guerreiros, que são homens perfeitos,
e no quarto estão homens dotados de asas,
e por cima de tudo há uma estátua esculpida
de Artur, feita por Merlim, com uma coroa,
E asas estendidas até a estrela do norte.
   A. L. Tennyson, *The Holy Grail*

Quatro grandes figuras pelos cantos,
Mateus e Marcos e Lucas e João.
   Camilla Doyle (um poema lido há anos, cujo título esqueci completamente. Ele, por sua vez, está "associado" às rimas das crianças sobre Mateus, Marcos, Lucas e João).

Onde as paredes de Magnus, o Mártir, mantêm
Um esplendor inexplicável de branco e dourado iônico.
   T. S. Eliot, *The Waste Land*

Um bracelete de cabelos esplendorosos em torno do esqueleto.
   John Donne, *The Funeral*

É claro que qualquer um pode tomar a liberdade de destacar que essas grandes correntes de poder foram bastante minguadas ao passarem pelo meu canal estreito. Isso é bem verdade, sendo em parte evidência da minha incapacidade e, em parte, de um reconhecimento do fato de que qualquer passagem dentro de uma obra demandaria um montante de poder apropriado ao seu lugar na unidade daquela obra e não mais.[2]

Mas o que importa, e nem sempre é bem compreendido hoje em dia, é que uma passagem reminiscente desse tipo *pretende* fazer o leitor lembrar-se de todas as passagens associadas e, assim, pô-lo em contato com as fontes de poder por trás do escritor. A demanda por "originalidade", com a implicação de que a reminiscência de outros escritores seja um pecado contra a originalidade e um defeito na obra, é recente, e pareceria bastante ridícula a poetas da era augustana ou dos tempos de Shakespeare. A visão tradicional é que cada nova obra deve apresentar uma nova fonte de poder na qual todas as correntes anteriores de beleza, emoção e reflexão possam convergir. Essa visão é adotada, e quem sabe levada longe demais, por escritores como T. S. Eliot, cujos poemas algumas vezes formam uma rede fechada de citações e adaptações escolhidas por seu valor associativo; ou por outros que, como James Joyce, fazem amplo uso do valor associativo de sons e sílabas. O critério não é que tais associações estejam sendo feitas, mas se os espíritos invocados por esse tipo de encantamento verbal estão dotados de poder pessoal da parte do mago que os conjurou para a sua nova tarefa.

O Poder criativo – o Espírito – é assim um poder social, que trabalha para levar todas as mentes para a sua própria unidade, algumas vezes por similaridade e outras por contraste. Os dons são diversos, mas o espírito é o mesmo. Às vezes, temos a sensação de que um crítico ou estudioso da obra de alguém interpretou mais do que o primeiro escritor "quis dizer". Talvez isso seja indício de uma percepção bastante limitada da unidade e da diversidade do Poder. No sentido mais restrito, é sem dúvida verdade que quando Salomão ou algum outro escreveu o Cântico dos Cânticos, ele não "estava querendo" escrever um epitalâmio em homenagem às

---

[2] Os leitores que estejam interessados em estudar como os grandes escritores podem incorporar e enaltecer o poder de escritores anteriores, bem como suas próprias obras anteriores, devem estudar o livro de M. R. Ridley, *Keats' Craftsmanship*.

núpcias místicas de Cristo com a sua Igreja. Da mesma forma, quando Drayton escrevia: "Já que não há remédio, venha, vamos nos despedir com um beijo; / Não, está acabado: não me verás novamente..." ele não *estava querendo* expressar a complicada sensação da impaciência, alívio, aceitação e perda de esperança que *você* sentiu "no último suspiro de um amor derradeiro". Entretanto, ele foi um verdadeiro profeta da sua emoção, já que ele a expressou de tal forma que você tem a sensação de que aqueles versos foram escritos "para você". Ao entrar em contato com o Poder de Drayton pela incorporação em papel e tinta da sua Energia, você estará se elevando à unidade eterna com sua Ideia.

E, com isso, estará entrando na órbita do Poder criativo, que (de forma imanente e transcendente) também está dentro de você, e a sua reação a ele gerará mais poder, de acordo com as suas próprias capacidades e energia. Se você reagir de forma criativa a isso, sua resposta irá novamente ocorrer em uma das seguintes formas: a de uma Ideia na sua mente; a da manifestação dessa Ideia em alguma forma de Energia ou Atividade (de discurso e de comportamento, entre outras); e a de uma comunicação desse Poder ao mundo ao seu redor.

Esse caráter tríplice na mente do leitor corresponde ao caráter tríplice da obra (do Livro como foi Pensado; do Livro como foi Escrito; e do Livro como foi Lido), e isso por sua vez em relação ao caráter tríplice original na mente do escritor (Ideia, Energia, Poder). Isso nem poderia ser diferente, porque essa é a estrutura da mente criativa. Quando, portanto, consideramos a doutrina Trinitária sobre o Criador do Universo, é isso que estamos aludindo. Nossa argumentação se baseia numa analogia perfeitamente familiar à nossa experiência. Suas implicações são: que essa estrutura tripartite se encontre igualmente dentro de nós (o Livro como foi Lido); que essa seja a estrutura real do universo (o Livro como foi Escrito) e que ela esteja no universo, porque se trata da Ideia de Deus sobre o universo (o Livro como foi Pensado). Além disso, infere-se que tal estrutura também se encontre na Ideia de Deus, porque é a estrutura da mente de Deus.

É isso que essa doutrina *quer dizer*; seja verdadeira, seja equivocada, o fato é que se trata da Ideia para a qual se está esperando uma resposta. Não há nada de mitológico em torno da nossa doutrina cristã trinitária: ela é analógica. Ela se oferece para livre meditação e discussão; mas seria desejável que evitasse a mentalidade confusa do cavaleiro japonês apócrifo que se queixava: "Honorável Pai, muito bem; honorável Filho, muito bem; mas honorável pássaro, eu não entendo de jeito nenhum".

Mas o "honorável pássaro" tem certas vantagens como símbolo pictórico, já que, além de nos fazer lembrar das realidades que simboliza, ele também nos lembra de que toda imagem não passa de um símbolo e nada mais. Já houve pessoas de mente tão literal que acreditavam *ser* Deus Pai, de fato, um velho de barbas brancas, mas é impressionante quão poucas pessoas adultas jamais puderam crer que o Espírito Santo *fosse*, de fato, uma pomba. Na imagem que podemos chamar de símbolo "modelo" da Santíssima Trindade, a ênfase está posta mais na diversidade do que na identidade; ela retrata a Unidade na Trindade. Usualmente se imagina o Pai como um sacerdote idoso, com manto e coroa, que carrega no colo a figura de Cristo crucificado; e entre eles, paira a Pomba. As figuras da Primeira e da Terceira Pessoa são puros símbolos intelectuais – eles não representam nada em termos materiais do tempo e do espaço; mas a figura da Segunda Pessoa é um símbolo vivo: ela representa um evento na história. Isso é o que a nossa analogia nos levaria a crer: só a Energia resulta em um Livro Escrito material; a Ideia e o Poder permanecem imateriais e eternos nas suas naturezas espelhadas como Livro Pensado e Livro Lido.

Uma série de miniaturas de Fouquet no *Livro de Honrarias de Etienne Chevalier* apresenta, por outro lado, uma representação simbólica muito interessante da identidade na diversidade, da Trindade na Unidade: aqui, o Pai, o Filho e o Espírito Santo aparecem como totalmente humanos, todos jovens e exatamente iguais. Essa é a Trindade na mente – a identidade essencial da Ideia, da Energia e do Poder, que é refletida como uma Trindade na obra – o Livro é o mesmo, não importa se pensado, escrito ou lido.

Dessas duas imagens simbólicas, a primeira opera para evitar que o espectador "confunda as Pessoas" e a última, para evitar que ele "divida a Substância".

"Portanto" (como observa o *Quicunque Vult* [Credo de Atanásio], no que parece um vislumbre de obviedade, mas que na realidade é tão complexo e profundo quanto o óbvio costuma ser) "há um só Pai, não três Pais; um Filho, não três Filhos; um Espírito Santo, não três Espíritos Santos. [...] E nessa Trindade, nenhuma das Pessoas é precedente a nenhuma, nenhuma é maior ou menor do que a outra, mas as três Pessoas são coeternas e coiguais."

CAPÍTULO 9

O AMOR DA CRIATURA

Vocês pediram um Deus amoroso: vocês o têm. O grande espírito que vocês invocam com tanta leveza, o "senhor de face temível", está presente: não uma benevolência senil que deseja que você atinja o bem-estar de forma sonolenta, do jeito que bem quiser; não com a filantropia fria de um magistrado da consciência, nem o cuidado de um anfitrião que se sente responsável pelo conforto de seus convidados, mas com o fogo consumidor de Si mesmo; o Amor que criou os mundos, persistente como o amor de um artista por sua obra e despótico como o amor de um homem por seu cachorro; parcimonioso e venerável como o amor de um pai por seu filho; ciumento, inexorável e rigoroso como o amor entre os sexos.
C. S. Lewis, O Problema do Sofrimento

Há uma agitação secreta no mundo,
Um pensamento que busca impacientemente a sua palavra.
Thomas Lovell Beddoes, Fragmento

Seria possível contestar a analogia que estamos examinando, porque ela deriva do conceito de arquétipo platônico e por isso seria inaceitável para aqueles que rejeitam a filosofia idealista de Platão. Essa forma de colocar tal argumento, entretanto, não é das mais precisas; na verdade, seria como colocar a carroça na frente dos bois. Para o artista criativo (como vimos), o arquétipo não é uma teoria *a priori*, mas uma experiência.[1] Ele extrai a sua analogia diretamente dessa experiência, e por seus meios ilustra e dá forma à sua filosofia, de modo que a filosofia seja vista como derivada da analogia, e não vice-versa. Se coincide em algum ponto com a filosofia platônica ou a cristã, ela o faz como testemunha independente. É claro que se trata de uma experiência particular – aquela de um criador humano – e é irrelevante para o crítico analítico e não criativo fazer

---
[1] Na verdade, o conceito é mais agostiniano do que platônico.

objeções a ela, pelo fato de não pertencer à *sua* experiência. Às outras mentes aplicam-se outras analogias; mas a experiência do artista prova que a doutrina trinitária de Ideia, Energia e Poder é, de forma bastante literal, o que se propõe ser: uma doutrina da Mente Criativa.

Para o criador humano, portanto, que costuma olhar para dentro de si mesmo para encontrar arquétipos e modelos extratemporais de sua própria obra criativa, será natural olhar para além de si mesmo à procura de arquétipos e modelos externos à sua própria personalidade criativa – para aquela Pessoa de caráter tríplice a cuja imagem ele é feito, da mesma forma que a sua própria obra é feita à imagem dele mesmo.

Nesse ponto, entretanto, ele encontra certas dificuldades que temos de considerar, se não quisermos recair em uma literalidade pouco apropriada, por causa de nossa própria ansiedade natural para aplicar a nossa analogia em todos os sentidos.

Toda a existência é supostamente obra do Criador Divino – isso vale para tudo o que há, não apenas para o criador humano e o seu público humano, mas também para todas as outras entidades "visíveis e invisíveis" que possam existir fora deste universo. Consequentemente, enquanto o escritor humano obtém a sua resposta de mentes alheias que se encontram fora da sua própria mente e de forma independente dela, a resposta para Deus vem tão somente de Suas próprias criaturas. Seria como se um livro fosse escrito para ser lido pelos personagens retirados dele mesmo. E mais: o universo não é uma obra acabada. Toda mente dentro dele ocupa a posição de uma audiência sentada na plateia, que assiste ao espetáculo pela primeira vez. Ou melhor, cada um está no palco, assumindo um papel na peça da qual nem sequer vimos o *script*, nem qualquer sinopse da sequência de atos a serem encenados.

Essa, diga-se de passagem, não é uma situação inusitada, mesmo entre atores humanos. Conta-se de uma atriz famosa[2] que, por vários anos, representou Lady Macbeth com grande sucesso sem ter a menor ideia do que a peça tratava ou como terminava. Ela nunca se deu ao trabalho de lê-la, e sempre saía do teatro no final da cena de sonambulismo, sem se preocupar

---

[2] Penso que a "idiota inspirada" de Johnson tenha sido Hannah Pritchard (1711-1768), ou Sra. Pritchard, que se tornou conhecida e aclamada como a melhor Lady Macbeth de seu tempo.

com o destino dos personagens. Além disso, milhares de atores de filmes comparecem diariamente aos estúdios para contracenar no *set* de filmagem no qual têm uma cena programada (a qual, às vezes, acontece na sequência certa do roteiro, mas, mais frequentemente, está fora dessa ordem) e vão embora ignorando se participaram de uma tragédia, de uma comédia, de um melodrama, ou, ainda, qual era a natureza da injúria que os levou a atirar no corretor de valores na quinta tomada ou cortar o próprio pescoço na sétima. O ator do teatro do universo não pode nem ao menos dirigir-se ao cinema mais próximo em busca dos resultados de sua obra, depois de ajustadas as sequências, pois o filme ainda está sendo rodado. No máximo, talvez ele consiga, perto do fim de sua vida, rever alguns episódios dos quais tenha participado passarem nas páginas da história contemporânea. E dos episódios completos do passado que ele conseguir reunir, se ele for inteligente e atento, poderá obter alguma indicação do propósito do autor.

Há um episódio para o qual o cristianismo dirige a sua atenção em particular. O papel principal, alega-se, foi assumido pelo Autor, que o apresenta como um breve resumo do plano da obra toda. Se perguntarmos "que tipo de peça é essa da qual estamos participando?", a resposta que se apresenta é "bem, trata-se precisamente *daquele* tipo de peça". E, examinando o seu enredo, observamos imediatamente que, se alguém poupou seus sentimentos nessa peça, certamente não foi o Autor.

Talvez isso não seja mais do que se poderia esperar, se consideramos que a obra de criação é uma obra de amor, e que o amor é a mais implacável de todas as paixões, o qual não poupa nem a si mesmo, nem ao seu objeto, nem aos obstáculos ao longo do seu caminho. A palavra "amor" se encontra hoje tão sobrecarregada de associações, desde a mais insignificante até a mais significativa, que fica difícil veicular com ela um sentido preciso ao leitor; mas aqui, mais uma vez, a analogia que escolhemos poderá ser de alguma ajuda.

Duas das interpretações populares da palavra podem ser logo descartadas: o amor do criador pela sua obra não é o desejo voraz de posse; ele nunca quer subjugar a sua obra a si mesmo, mas sempre subjugar-se à sua obra. Quanto mais genuinamente criativo ele for, mais vai querer que a sua obra se desenvolva de acordo com a sua própria natureza e que ela se mantenha independente dele mesmo. Leitores bem-intencionados, que tentam identificar o escritor com seus personagens ou escavar a personalidade e as opiniões de seu autor com base nos seus livros, ficam frequentemente impressionados com a violência implacável com que o autor encara esses esforços para reabsorver a sua obra de dentro dele mesmo. Esforços assim são um atentado à independência de suas criaturas, coisa que, coerentemente, ele leva a mal. Mal-entendidos dolorosos como esse podem minar os fundamentos da vida social e levar a manifestações explosivas que parecem ter pouca relação com as suas causas aparentes:

– Eu pedi conhaque envelhecido; sei que você adora conhaque.
– O que o faz achar isso?
– Oh, eu li os seus livros: sei que lorde Peter[3] é um grande apreciador de conhaque.
– Ele é mesmo, mas isso não quer dizer que eu seja.
– Oh! Achei que você deveria ser como ele.
– O que é que minhas preferências têm a ver com isso?

É até possível que a autora goste de conhaque envelhecido (ainda que nesse exemplo particular esse não fosse o caso). Mas o que é intolerável é que o ser criado se veja violentamente privado de sua própria preciosa personalidade. A violência não é menos odiosa para o criador, se praticada com um sorriso insinuante estampado no rosto. A ofensa também não se torna mais perdoável quando assume a forma de coisas boas atribuídas à criatura, por mais adoráveis que elas sejam, mas que vão contra a lei de seu ser.

– Tenho certeza de que lorde Peter vai acabar se tornando um cristão convicto.
– Por tudo o que sei dele, nada poderia ser mais improvável.
– Mas você mesma é cristã, então deveria querer que ele também fosse.
– Ele ficaria horrivelmente constrangido com qualquer insinuação desse tipo.
– Mas ele é de longe inteligente e bonzinho demais para não ser cristão.
– Minha senhora, Peter não é o Homem Ideal; ele é um cavalheiro do século XVIII, nascido um pouco fora do seu tempo e com dúvidas de que qualquer alegação de que possuímos uma alma não passe de mera presunção.
– Estou decepcionada.
– Receio que não possa fazer nada.

---

[3] Trata-se de lorde Peter Wimsey, personagem principal dos romances policiais de Dorothy L. Sayers. (N. T.)

(Não; jamais tente impor a sua vontade, nem a minha, à minha criatura. Ela é o que é, e eu não provocarei milagres irrelevantes para ela, nem por proselitismo, nem para conquistar favores, ou para estabelecer uma consistência com os meus próprios princípios. Ela tem existência própria e não existe para agradar você. Tire as suas mãos dela.)

Muitas vezes a sugestão de usar a força vem acompanhada da oferta cordial de ajuda. (Esse tipo de solicitação deve ser extremamente familiar ao Deus Todo-Poderoso). Como nesse exemplo:

– Você não poderia fazer lorde Peter ir até a Antártida para investigar um assassinato numa expedição de exploração?
– Ora, com base em tudo o que você sabe dele, consegue mesmo imaginá-lo, sob quaisquer circunstâncias concebíveis, deixando-se convencer a participar de uma expedição à Antártida?
– Mas seria um novo cenário – eu poderia até lhe oferecer bastante material autêntico.
– Não, muito obrigada, é muito gentil da sua parte.
(Dane-se tudo isso e faça o favor de escrever o seu próprio material detestável. Deixe minha criatura em paz – não a "farei fazer" nada.)

Pode-se notar que, embora o amor do escritor seja um amor ciumento mesmo, trata-se de um ciúme *a favor* e não *contra* as suas criaturas. Ele não tolerará nenhuma interferência, nem com elas, nem entre si mesmo e elas. Mas ele não deseja que a identidade de suas criaturas seja absorvida por sua própria identidade, nem que o seu poder de fazer milagres seja invocado para distorcer a natureza própria da criatura.[4]

E se o amor criativo não é possessivo, tampouco será sentimental. Muitos escritores, por vezes, já se tornaram admitidamente sentimentais em relação às suas criaturas, mas nunca sem perda de poder criativo. O ponto fraco que "faz com que o punho da ameaça e a lágrima de sensibilidade intervenha entre nós e o final mais apropriado de *Grandes Esperanças*", de Charles Dickens, é um crime hediondo contra a criatura.[5] Por não ser permitido sofrer perdas dentro do seu próprio microcosmo, Pip e Estela sofreram uma perda irreparável no seu macrocosmo. O sentimentalismo que distorceu suas verdadeiras naturezas para lhes dar uma felicidade artificial não representou

---

[4] Ver a Nota "A" no final deste capítulo.
[5] G. K. Chesterton, *The Victorian Age in Literature*.

um ato de amor criativo. O romancista Bulwer-Lytton foi o espírito negativo que persuadiu o deus de seu pequeno universo a deixar passar esse cálice deles – segundo ele, essa alteração tornaria a história "mais aceitável".[6] Mas os críticos autênticos nunca aceitaram a falsificação: o ouro do demônio evaporou-se e se transformou em folhas mortas quase no mesmo instante de sua aquisição. Não adianta nada um livro conquistar grande espaço nas bibliotecas circulantes, se, com isso, perder a própria alma.

Quando a história é, por sua natureza, uma tragédia, então é em grande parte verdade que "todo homem mata o que ele ama" e que há duas formas de fazê-lo. O escritor covarde, temendo encarar as consequências da natureza que criou para si mesmo e para a sua criação, "o faz com um beijo" – por sua gentileza em relação às suas criaturas, ele irá apelar ao sentimentalismo para evitar toda aquela situação e, com isso, exterminará a pedra angular de sua criação. "Já o homem corajoso, o fará com sua espada", julgará as suas criaturas e assim *as* matará para preservar a vida e o poder da obra. Se, devido a essa integridade, ele causar estranhamento nos seus leitores e reduzir a sua margem de lucro imediato, seu sacrifício será uma prova segura de que ele ama a sua criação da maneira correta.[7]

"Sacrifício" é outra palavra frequentemente mal-entendida. Em geral, supõe-se que ele seja honroso e amoroso, na medida em que sua natureza sacrificial seja percebida conscientemente pela pessoa que está se sacrificando. O que ocorre é precisamente o contrário. Quando se percebe um

---

[6] Sir Edward Bulwer-Lytton, um amigo de Dickens e popular romancista vitoriano, convenceu Dickens de que um final feliz seria mais bem aceito do que o final trágico por ele inicialmente proposto. Lytton leu o trabalho de Dickens e o persuadiu a fazer a mudança – o autor aparentemente concordou que a alteração aumentaria a popularidade do trabalho. Mas não foi isso o que aconteceu. (N. T.)

[7] A afeição insensata em relação aos personagens criados e ficcionais é, evidentemente, só uma das formas que o sentimentalismo do autor pode assumir. A afeição poderá manifestar-se por meio de palavras ou parágrafos do próprio livro, de modo que o autor se torne incapaz de purgar as passagens desnecessariamente brilhantes, o que é conhecido no meio literário como "assassinato de entes queridos". As latas de lixo do mundo estão repletas de obras não purgadas, cujos criadores sofriam desse tipo de sentimentalismo. (Conheci uma jovem que, movida por um espírito semelhante, não conseguia se decidir a sacrificar suas "cenas instantâneas de férias", para torná-las imagens bem equilibradas; ela reclamava que "simplesmente não podia suportar" sacrificar nem um só pedaço de céu limpo ou a intrusão não planejada da bota do tio Bertie em prol desses esforços criativos.) A ternura que prontifica o biógrafo a exibir o seu objeto como um modelo de perfeição de todas as virtudes é outra – um pouco mais complicada – forma de tratamento sentimental de um herói imaginário.

sacrifício consciente como autossacrifício, ele revela falta de amor. Quando um trabalhador aceita um trabalho por necessidade ou por um sentimento austero de dever, consciente do seu esforço e labuta implicados nisso, ele dirá: "Eu fiz tais e tais sacrifícios para realizá-lo". Mas quando um trabalho representa um ato de amor, ao trabalhador – por estranho que pareça – os sacrifícios parecerão a mais pura diversão.[8] Ao deparar com essa situação, os moralistas sempre julgarão que o primeiro tipo de sacrifício seja mais admirável do que o último, porque, independentemente de suas intenções, eles têm mais respeito pelo orgulho do que pelo amor. O pressuposto puritano de que toda ação desagradável ao que a executa seja *ipso facto* mais meritória do que a ação agradável, encontra-se firmemente arraigado na valorização exagerada do orgulho. Não estou dizendo que não há nobreza em fazer coisas desagradáveis por um senso de dever, mas apenas que é mais nobre fazê-las com alegria e por um puro amor àquele trabalho. O puritano pensa o contrário. Ele está inclinado a dizer: "É claro que fulano trabalha muito duro e desistiu de muita coisa por esse ou aquele motivo, mas não há mérito no fato de ele ter tido prazer nisso". O mérito, é claro, se encontra precisamente no prazer, e a nobreza de fulano já é dada pelo fato de ele ser o tipo de pessoa para quem realizar esse tipo de trabalho seja um prazer.

É por reconhecermos instintivamente, por trás das restrições do código moral, a validade superior da lei da natureza, que acabamos dando preferência, do fundo do coração, aos filhos da graça, e não aos filhos da lei. Reconhecemos o tom de falsidade na voz reivindicativa que proclama: "Sacrifiquei os melhores anos de minha vida com a minha profissão (minha família, meu país, ou o que quer que seja), e tenho o direito de esperar algum retorno". O código moral nos força a reconhecer essa reivindicação, mas há algo nessa demanda que nos repele.

---

[8] Assim diz Spenser:
> Pois alguns são tão agradavelmente graciosos,
> Que qualquer ação sua se faz elogiar,
> E aos olhos de grandes homens acham favor.
> Que outros, que têm habilidade mental maior,
> Por mais que se esforcem, não conseguem alcançar,
> Pois tudo a que se esteja inclinado naturalmente
> Torna-se melhor e ganha maior graça:
> Mas boas ações, forçadas pela dor, merecem ser igualmente elogiadas.
> *Faery Queene*, VI, 11,2.

Por sua vez, os filhos da legalidade ficam chocados com a rejeição convicta, da parte dos filhos da luz, à sua insistência nesse tipo de reivindicação, e – de maneira ainda mais desconcertante – à insistência raivosa no direito do amor ao autossacrifício. Por exemplo, todos aqueles que fazem a gentileza de manter os artistas criativos informados sobre métodos pelos quais eles podem ganhar mais dinheiro (à custa de uma pequena corrupção do seu propósito criativo), ficam muitas vezes, muito compreensivelmente, chocados com a fúria com que são dispensados, e mandados a cuidar de suas próprias vidas.

De fato, o amor criativo tem seus aspectos obscuros e irá sacrificar não apenas a si mesmo, mas a outros para o cumprimento de seus objetivos. Somerset Maugham, em *A Lua e Cinco Tostões*, deu expressão convincente ao fogo consumidor da paixão voraz do artista; e o sentido dessa história estará perdido se não reconhecermos que os sacrifícios terríveis e precisos sofridos por Strickland são a prova de um amor tão tremendo que ultrapassou até mesmo o desejo de felicidade. Uma paixão assim não apenas se resigna ao sacrifício, mas o abraça e arrasta o mundo todo consigo no abraço. Não é sem razão que ficamos apreensivos e suspeitamos dessa expressão precária: "resignação cristã". Uma voz interior nos faz lembrar que o Deus cristão é amor, e que amor e resignação não podem ocupar o mesmo terreno. São coisas assim que o criador humano tem a nos dizer, é só darmos ouvidos a ele. Nossa confusão nessa matéria é causada pela dissipação e pelo ecletismo nas associações que fazemos com a palavra amor. Nós a ligamos quase exclusivamente às paixões sexuais e materiais – cujo contraponto é a possessão –, e à afeição indulgente, cujo contraponto é o sentimentalismo. Na verdade, o amor é a Energia da criação em sua forma concentrada e livre de contrapontos:

> Nas primícias do tempo
> Veio Cristo, o tigre[9]
> Um pensamento inquietante:
>
> Tigre, tigre, queimando esplendoroso
> No escuro da floresta,
> Que mão ou olho imortal
> Poderia formar a terrível simetria? [...]

---

[9] T. S. Eliot, *Gerontion*.

E que ombro, que arte?
Poderia torcer a força de seu coração?
E quando o coração começou a palpitar,
Que terrível mão? E que terríveis pés? [...]

Quando as estrelas lançaram seus raios,
e com suas lágrimas molharam os céus,
Será que ao ver a obra sorriu?
Quem o Cordeiro criou também a ti criou?[10]

A essa pergunta, o artista criativo responde com um "sim" irrestrito, e, com isso, provoca consternação, e os guardiães do código moral reagem logo com a suspeita de que os artistas sejam pessoas perigosas e um elemento subversivo dentro do Estado.

[...] os reis da terra, os magnatas, os capitães, os ricos e os poderosos, todos os escravos e os homens livres esconderam-se nas cavernas e pelos rochedos das montanhas, dizendo aos montes e às pedras: "Desmoronai sobre nós e escondei-nos da face daquele que está sentado no trono, e da ira do Cordeiro, pois chegou o Grande Dia da sua ira, e quem poderá ficar de pé?"[11]

É verdade: quem poderá ficar de pé? Nem resistência, nem resignação adiantarão muito aqui. A única resposta efetiva para a Energia do Amor é o Poder do Amor, que abraça o seu próprio sacrifício com satisfação. Em outras palavras, o trabalho amoroso demanda a cooperação da criatura, respondendo de acordo com a lei de sua natureza.

Para o artista que lida com a matéria inanimada, essa cooperação estará garantida sem a consciência ou a vontade da própria criatura, na medida em que o criador tenha a postura correta em relação ao seu trabalho, em conformidade com a natureza do seu material. A matéria inanimada, deixada a seu bel-prazer, tende a seguir a regra do menor esforço, caindo na aleatoriedade, e essa tendência determina a sua estrutura natural. A tarefa do artista é fazer com que essa tendência natural da estrutura coopere com a estrutura da sua obra. A estrutura da areia, por exemplo, não serve para a confecção de cordas, e o artista que adotasse um projeto tão pouco cooperativo se tornaria proverbial.

---

[10] William Blake, *Songs of Innocence and Experience*.
[11] Apocalipse 6, 15-17

Mas certos tipos de areia servem para a confecção de vidro, ainda que à custa da sua própria estrutura.

Também quando se trata de matéria viva, ainda que de forma inconsciente, o artista terá de se adaptar ao seu material, embora essa experiência também possa ser chamada, sem antropomorfismos descabidos, de uma "reação"; as plantas "reagem" ao cultivo e à adubação em um sentido bem diferente do que faz o ferro ao "reagir" às marteladas. Quando se trata de matéria animal, por sua vez, ela "reage" numa escala crescente de consciência até que, no caso dos animais domésticos, nos aproximamos bastante de uma cooperação quase inteiramente consciente. É nas relações humanas que a cooperação atinge o nível mais alto de consciência.

Já vimos que nenhum criador humano é capaz de criar um ser autoconsciente; e vimos também que ele é constantemente impelido para isso por um desejo ardente que vem de dentro; pode-se ver alguma satisfação desse desejo de procriação nas relações entre o dramaturgo e seus atores e na criação de personagens imaginários. Em todas essas relações, ele tem consciência dessa obsessão paradoxal pela completa independência da criatura, combinada à sua cooperação voluntária com o propósito do escritor, na medida em que este esteja em conformidade com a lei da sua natureza. Nessa obsessão insistente, ele vê a imagem da relação perfeita do Criador com sua criatura, e da reconciliação perfeita da predestinação divina com a vontade criada livremente.

Na criatura, ainda, o criador reconhece uma fissura e um paradoxo. Ele está ciente dessa obsessão insistente pela criação e, ao mesmo tempo, de uma resistência à criação e de uma tendência de recair na aleatoriedade da negação. Tal resistência é chamada por Berdiaev de "liberdade meônica obscura" – o ímpeto pelo caos. Ela está associada à lei natural da matéria, que é a lei da crescente aleatoriedade à medida que o tempo passa. Desse ponto de vista, seria justificável associar o mal e o princípio negativo à parte material do universo. Mas, por mais que a matéria e a aleatoriedade estejam associadas de forma inextricável, isso também vale para a matéria e a vida: não conhecemos nenhum tipo de vida no universo que não esteja associada com a matéria, e a tendência natural da matéria *viva* está longe da aleatoriedade, em direção à crescente complexidade e à ordem. Sir James Jeans expressou essa condição de forma pessimista com as seguintes palavras: "Se o universo inanimado se move na direção por nós suposta, então a evolução biológica se comporta como um navegador, que iça as velas de um navio que está afundando".[12]

A luta entre a ordem e o caos não é, portanto, própria apenas da natureza humana; ela se encontra onde quer que haja vida e, quem sabe, em toda matéria, já que a matéria é (seja ela capaz ou não de produzir a vida), em todo o caso, o único meio conhecido para a manifestação da vida. Essa contradição e esse paradoxo se encontram na base da Doutrina da Queda, que, de acordo com alguns autores antigos, foi considerada a queda de todo o universo material; já para outros, a queda significou que a vontade autoconsciente do homem se pôs ao lado do caos e da destruição, colocando-se contra a ordem e a vida. Parece não haver solução possível para essa antinomia dentro do esquema temporal; a síntese pertence a uma eternidade que está totalmente fora do tempo. É isso mesmo que a nossa analogia nos faz esperar, já que todas as dificuldades e contradições da obra criada são precisamente relativas ao esforço por torná-la manifesta em forma material e em certa sequência no tempo.

A resistência à criação que o escritor enfrenta na sua criatura fica evidente, tanto para o criador mesmo quanto para os outros – particularmente para aqueles que têm o infortúnio de viver com o criador bem na hora em que a sua Energia está engajada em uma obra. O criador humano costuma expressar com franqueza suas perplexidades e agonias do processo criativo e a obstinação do seu material. Quase tão evidente quanto isso, entretanto, ainda que talvez menos prontamente explicável ou descrito, é o ímpeto violento da criatura pela criação. Para quem está de fora, o espetáculo de um autor "grávido de uma ideia" costuma ser motivo de troça descabida; o poeta de "primeira viagem" é alvo frequente da zombaria de pessoas pouco educadas, da mesma forma que, no palco, qualquer referência ao nascimento de uma criança gera risos, especialmente da parte de membros masculinos da plateia. Em ambos os casos, trata-se de um mecanismo de defesa – o protesto nervoso do negativo e caótico contra a energia misteriosa e terrível da criatividade. Nenhum artista verdadeiro negaria o fato de que a obra de criação luta e demanda insistentemente para ser trazida à existência.

---

[12] Sir James H. Jeans, *Eos – Or The Wilder Aspects of Cosmogony*.

Muitas vezes essa demanda pode impor-se a si mesma, à revelia dos interesses justos do autor e nos momentos mais inconvenientes. O editor, o saldo da conta bancária e mesmo o intelecto consciente podem até recomendar ao escritor que vá procurar outro trabalho mais rentável e seguro; mas seus argumentos serão inúteis, diante da vitalidade passional de uma obra que insiste em sua manifestação. A força dessa insistência variará entre algo parecido com uma inspiração e algo que se assemelha a um mero capricho da mente ociosa; mas sempre que o desejo da criatura pela existência for dominante, tudo o mais deverá dar espaço a isso; o escritor deixa tudo de lado para dedicar-se à sua tarefa com um misto de sentimentos de prazer e expectativa. Por esse motivo, o artista deve, antes de qualquer um, ser cauteloso em fundamentar a sua filosofia de vida sobre o pressuposto de que "não viemos a esse mundo por escolha própria". Isso pode até ser verdade, mas ele não tem como prová-lo, e a analogia da sua própria experiência criativa oferece evidência do contrário. Ele sabe muito bem que, em seu trabalho, sempre se sentirá moído pelo moinho do paradoxo universal. A sua criatura demanda a manifestação no espaço-tempo, ao mesmo tempo que se opõe teimosamente a ela; no seu universo, a sua vontade está voltada para a vida de forma tão implacável como está para o caos.[13]

Entretanto, há uma diferença: a satisfação de sua vontade em favor da vida depende inteiramente da vontade sustentada e perpetuamente renovada de criação do criador. A obra só pode despertar para a vida e crescer sob a condição de que a energia do criador não se esgote; mas, para satisfazer o seu desejo pela morte, só o que ele tem de fazer é parar de trabalhar. A obra vive, move-se e tem a sua existência nele, podendo dizer-lhe com todas as letras: "Tu és a minha vida, se te retirares de mim, morrerei". Se fosse possível uma criatura não consciente de si rezar, suas ações de graça e louvores seriam dirigidos não tanto para quaisquer acidentes de sua estrutura, mas, em primeira instância, para o seu ser e sua identidade. Se ela fosse inteligente, jamais, sob hipótese alguma, pediria ao seu criador que arrancasse dela a sua própria natureza, já que (como vimos) qualquer

---

[13] É claro que é inútil objetar que a luta dessa "criatura" em direção à manifestação seja, "na verdade", apenas uma parte do ego do próprio criador. *Todas* as criaturas são parte da mente do Criador, e não têm existência independente, enquanto não alcançarem independência parcial por meio de sua manifestação.

violência desse tipo serviria apenas para diminuir a sua vitalidade e destruir o seu ser. Ela desejaria muito menos ainda subjugar a vontade dele à sua própria ou alterar o propósito do autor, já que esse tipo de desvio da Ideia original desintegraria a obra e faria os fragmentos ficarem à mercê da aleatoriedade do caos. E se ela possuísse vontade própria e consciência, só poderia alcançar vida e integridade individual pela cooperação com a Energia na revelação da Ideia através do Poder.

O criador humano, ao trabalhar a matéria que não tem autoconsciência, não é cultuado por suas criaturas, já que esse material não possui vontade. A única resposta que ele pode receber delas é a sua natureza, e só ele será culpado se essa resposta não for visível. Se ele torturar o seu material, se a pedra parece triste porque ele a trabalhou de uma maneira estranha à sua própria natureza, se o que ele escreve representa um abuso da linguagem, se sua música é uma sucessão de intervalos sem sentido, então, todo o desconforto precário do seu universo material não será nada mais do que uma acusação. Mas se, por sua vez, ele respeitar a integridade do seu material e o trabalhar de acordo com ela, a beleza da obra bem ordenada proclamará o seu louvor por si só, sem a vontade própria. Se ele for trabalhar com plantas, com animais ou com o ser humano, a vontade cooperativa do material fará parte da obra numa reação cada vez mais consciente e numa disposição pessoal de honrar seu criador. Mas a identidade perfeita da vontade consciente entre o criador e a criatura nunca é alcançada; a identidade na verdade só é alcançável na proporção inversa à consciência da criatura. Uma identidade perfeita da criatura com a vontade do seu criador só é possível se a criatura não possui nenhuma autoconsciência: isto é, quando ela for uma externalização de algo que seja completamente controlado pela vontade do criador. Mas nem mesmo essa perfeição restrita é alcançável ao criador humano, já que ele mesmo faz parte do seu próprio material. No que concerne à sua própria obra especial, ele é como Deus: imanente e transcendente; mas a sua obra e ele mesmo são ambos parte do universo, e ele não pode transcender o universo. Todos os seus esforços e desejos visam àquele arquétipo criativo ideal a cuja imagem inalcançável ele percebe que foi criado. Somente ele é capaz de criar um universo cheio de vontades livres, conscientes e prontas para a cooperação; o que faz parte de sua própria personalidade e ainda existe de forma independente da mente do criador.

NOTA "A" – INDEPENDÊNCIA DA CRIATURA

Chegamos aqui ao grande divisor de águas que separa a Imaginação da Fantasia – atividades estas muitas vezes confundidas pelos psicanalistas. "O sujeito", dizem eles, "inventa coisas sobre si mesmo", como se não houvesse aí nada mais do que um só tipo de invenção. Na verdade, as duas coisas não têm quase nada em comum, exceto que a personalidade é a matéria-prima para ambos. Elas podem existir lado a lado no mesmo homem, ou na mesma criança, e são distintas de forma imediata e infalível.

O efeito da Fantasia sobre o seu autor é voltado para dentro, obscurecendo os limites entre a visão e a realidade, relacionando-se cada vez mais de perto com o Ego, de modo que a criança que fantasiou que era uma assassina acabe se tornando uma assassina de verdade. Ao passo que a Imaginação criativa se volta para fora, aumentando de forma estável a lacuna existente entre a visão e a realidade, até que se torne um grande abismo entre a arte e a natureza. São raros os escritores de romances policiais que se tornam assassinos – e quando isso acontece, não se trata do resultado de um processo de identificação com os seus heróis assassinos. Os escritores de romances policiais não fantasiam ser investigadores na vida real, por mais que os editores de jornais se ludibriem a si mesmos de que eles o sejam, dificultando a vida do autor, quando o pressionam para apresentar uma solução para o caso mais recente de assassinato em série ou o fazem empreender longas viagens de trem para cobrir *in loco* um caso em pauta.

É difícil persuadir os psicólogos de que essa distinção entre Imaginação e Fantasia é fundamental – especialmente por sua recusa radical a dar ouvidos ao que os autores dizem sobre si mesmos. É como se eles insistissem em querer convencer um degustador de que não há diferença real entre um vinho e um xarope, e que qualquer distinção de paladar é mera racionalização de algum trauma ocorrido na sua infância com xaropes: a personalidade é a matéria-prima de ambas; a única diferença está no que se obtém delas. Quanto mais forte o impulso criativo, mais poderosa é a premência de *escapar à* identificação do Ego com o personagem criado.

A Imaginação Criativa é, portanto, o inimigo da fantasia e seu antídoto – verdade que é reconhecida por psicólogos na prática, mas frequentemente obscurecida nos seus escritos em que confundem os dois termos, como se eles fossem intercambiáveis. As evidências de um hábito de fantasiar numa criança não são prova de ímpeto criativo: pelo contrário. A criança que trata as suas aventuras fantasiadas *como se elas fossem reais* está mais longe da criatividade do que nunca; esses pequenos mentirosos sonhadores, uma vez crescidos, acabam se tornando poetas imaturos e medíocres (ou coisa pior), que são a irritação e o desespero dos verdadeiros artistas. A criança que é criativa conta histórias, como toda criança, mas de forma objetiva; ela usualmente se concentra em algum herói de um conto ou história, que *jamais* é confundido na sua mente com os devaneios corriqueiros em que eles se veem dominando os adultos ou salvando entes queridos de prédios em chamas. Mesmo quando ela faz de conta que o "bardo se torna o herói da história", trata-se de *pura* dramatização, que pode ser desenvolvida em paralelo à sua consciência da vida real, coisas essas que nunca se cruzam em ponto algum. Um tipo de imaginação não se desenvolve no outro; eles são completa e conscientemente independentes. Isso significa dizer que os primeiros esforços literários do artista genuinamente criativo tratam, em grande parte, de objetos dos quais o autor infantil não sabe absolutamente nada, tais como piratas, submarinos, pântanos infestados de cobras ou romances de cavalaria. As exortações bem-intencionadas de pais e professores para que ela "escreva sobre alguma coisa de que realmente entenda" deveriam ser (e serão) firmemente ignoradas pelo jovem criador como mais um exemplo da estupidez crônica da mente adulta. Em fase mais avançada da vida, e com a prática na criação, o impulso para voltar-se para fora se torna tão forte que toda a experiência pessoal do escritor passa a ser vista por ele de forma objetiva, como material para o seu trabalho.

Não estou querendo discutir com as autoridades no assunto; estou dizendo isso porque se trata de um assunto que eles, muitas vezes, acham muito difícil de tratar. A criança que se faz passar por Napoleão e sai por aí exigindo o respeito devido a um Napoleão não é necessariamente um pequeno paranoico com uma obsessão napoleônica, mas ele também pode muito bem ser considerado uma espécie de ator.

CAPÍTULO 10

DESIGUALDADES NA TRINDADE

Deus criou o homem à sua imagem, à imagem de Deus ele o criou.
Gênesis 1,27

Que obra-prima que é o homem! [...] o seu entendimento é parecido com o de um deus!
W. Shakespeare, *Hamlet*, ato II, cena 2

Pensei que alguns dos artesãos tivessem criado os homens e não os criaram bem, eles imitaram a humanidade de forma tão abominável.
Eu fico pensando se não foram feitos – e malfeitos! – por algum aprendiz da natureza, tão abominável é a maneira com que imitam a humanidade!
Ibidem, ato 3, cena 2

A não ser que o homem creia da forma correta, não pode ser salvo.
Esta é a fé católica: quem nela não crer fielmente não pode ser salvo.
Esta é a fé católica, e quem não a professar fiel e firmemente não se poderá salvar.
Credo de Atanásio

A analogia do Pai como uma das pessoas da Trindade aponta para um pai humano perfeito, ainda que esse fenômeno seja tão raro quanto a capacidade de visão do olho normal, que o oculista usa como um ideal nunca visto antes, mas, ainda assim, fielmente reverenciado, para avaliar toda a visão real com a qual tem de lidar. Da mesma forma, a analogia do Criador remete a um artista humano perfeito. Entretanto, não há artistas perfeitos – um fato a que a crítica literária (que é uma forma de arte com uma tendência excepcionalmente forte para a morte e a destruição) tende a dar uma ênfase quase exagerada. As imperfeições do artista podem ser facilmente classificadas como imperfeições da sua trindade – trindade essa que é como aquela Outra, à qual é analógica. E se quisermos preservar o caráter da obra, é preciso imaginá-la com todas as suas pessoas consubstanciais e coiguais. A coigualdade da Trindade Divina é representada em símbolos e em emblemas maçônicos como um triângulo equilátero; mas a trindade do escritor raras vezes é algo que não seja desigual, e algumas vezes chega a ter uma irregularidade fantástica.

No final do capítulo 8, eu citei um verso do *Credo de Atanásio*. Quando eu era pequena, lembro-me de que tinha a impressão de que esse verso maculava seriamente um majestoso e fascinante mistério. Eu achava completamente desnecessário lembrar alguém de que havia "um Pai, e não três Pais; um Filho, não três Filhos; um Espírito Santo, não três Espíritos Santos". Essa sugestão me parecia bastante estúpida. Já era suficientemente difícil imaginar um Deus que fosse Três em Um; seria possível existir alguém tão louco a ponto de conceber uma divindade feita de nove partes? Três pais era uma ideia mais do que absurda; lembro-me de que ficava corada de recitar essas palavras tampouco associadas a qualquer coisa, até mesmo ao que o bárbaro mais exótico pudesse ter a chance de imaginar em sua cegueira. Mas a experiência crítica me convenceu de que os pais da Igreja ocidental sabiam mais sobre a natureza humana do que eu. Então, no que diz respeito à analogia do criador humano, sua advertência fazia sentido. Escritor após escritor fracassa devido à ilusão de que o que Chesterfield[1] chamou de "atividade inconstante" cumpriria o papel da Ideia; de que o Poder da Ideia em sua própria mente poderia substituir a Energia desordenada que se manifestou; ou de que uma Ideia já fosse um livro por direito próprio, mesmo se ele fosse expresso desprovido da Energia e experimentado sem Poder.

Muitas obras ininteligíveis da escolástica são expostas como se fossem produto de três pais; muitos textos fragmentários que causam lágrimas revelam a sensibilidade incontrolada de três espíritos impressionáveis; um turbilhão de episódios desconexos indica a presença de três filhos no comando das coisas. Obras criadas assim não provam ser de baixa qualidade, no sentido de ter sido escritas de forma propositalmente negligente

---

[1] Philip Dormer Stanhope, 4º conde de Chesterfield (1694-1773), estadista e diplomata britânico, cuja fama como escritor, pensador e educador veio pela publicação póstuma das *Letters to his Son on the Fine Art of Becoming a Man of the World and a Gentleman*, uma compilação da correspondência que manteve com seu filho, na qual transmitia conselhos do que considerava ser uma vida positiva. (N. T.)

ou desprezando a verdade artística: "Há muitos fatores que fazem uma poesia ser má e a impureza de intenção é apenas um deles".[2] Seus autores não são ateus artísticos, mas apenas hereges, que se agarram com uma ignorância insuperável a uma doutrina unitária de criação. E é bem verdade que, mesmo no caso deles, deve haver alguma trindade completa envolvida de alguma forma na obra, do contrário eles nem sequer teriam estado em condições de escrevê-la.

Mas o que atrapalha o trabalho é a sua doutrina assimétrica e torta, e sua criação é tão ruim porque eles "não têm a fé adequada". Seria bastante divertido e promissor distinguir escritores que sejam, respectivamente, "obcecados pelo pai", "obcecados pelo filho" e "obcecados pelo espírito santo". A marca daqueles que são obcecados pelo pai é que eles se empenham em impor a sua ideia diretamente à mente e aos sentidos, achando que esta já seja a obra toda. De formas muito diferentes, tanto o estudioso mais insípido, quanto William Blake, no seu confronto com as imensas e nebulosas cosmogonias e o simbolismo altamente pessoal dos seus livros proféticos, são representantes desse grupo. Ambos parecem tentar impor a sua mensagem sem a mediação plena do filho; enquanto isso, o seu espírito murmura algo para as suas próprias almas nos lugares secretos do seu íntimo, sem que as suas ideias jamais se derramem de forma poderosa sobre a terra. Outro exemplo de fixação pelo pai é aquela figura muito familiar e levemente cômica do homem que "tem a mais brilhante ideia para um livro, se ao menos ele tivesse tempo para sentar e escrevê-lo".[3] Ele acredita piamente que, para fazer a Energia entrar em ação, só precisaria de tempo e de uma cadeira, e que o filho, da mesma forma que o pai, seja desprovido de suor e sofrimento.

Entre os obcecados pelo filho, podemos citar escritores como Richard Swinburne, cuja imensa criatividade e encanto sensual na maneira de expressar são superdesenvolvidos em relação à tenuidade da ideia dominante.

---

[2] C. S. Lewis, *The Allegory of Love*. London, Cambridge University Press, 1936, cap. IV, p. 85. [Em edição brasileira: C. S. Lewis, *A Alegoria do Amor*. Trad. Gabriele Greggersen. São Paulo, É Realizações, 2012.]

[3] Quando o artista tem o livro completo em sua cabeça antes de escrevê-lo (ver capítulo 3), é claro que o filho está presente, e em plena atividade, em grande parte do trabalho já conscientemente estruturado (por exemplo, no estilo, nos personagens, na sequência de episódios); mas esse não é o caso do cavalheiro ingênuo em questão, como logo descobrimos quando lhe pedimos que nos explique a sua ideia. O que lhe está faltando não é tempo, nem uma cadeira, mas uma primeira ideia de como dar início ao trabalho.

Seu espírito passa por uma espécie de falso Pentecoste, que o emociona e toca os seus sentidos, mas sem produção de nenhum renascimento genuíno do espírito. A esses também pertencem os eufuístas e os desprovidos de imaginação, os malabaristas verbais e de rimas; os requintados, os pretensiosos e preciosistas, e aqueles que (como George Meredith em seus piores momentos) enfeitam o lugar-comum com formulações tortuosas e complexas – todos aqueles cujas maneiras se degeneram em maneirismos. Entre eles se encontram também os poetas que usam letras maiúsculas talentosamente torneadas e epítetos espalhados pela página. É nesse grupo, creio eu, que devemos classificar o palavreado de James Joyce, em que o uso de associação verbal e silábica é levado tão ao extremo que põe a perder o seu poder de persuasão inconsciente, e a resposta do leitor acaba sendo distraída pelo êxtase consciente da caça aos enigmas, como um porco que revolve o lixo em busca de algo comestível.

> Anna Livia Plurabelle é uma representante tanto do gênero feminino quanto do rio Liffey (*amnis Livia* em latim) e a sua beleza é feita de muitas belezas, da mesma forma que o rio é a confluência de muitas correntes. Enquanto batem as roupas sujas sobre as pedras, duas lavadeiras – que são, elas mesmas, figuras quase mitológicas – contam a história dela, citam os nomes de centenas de rios na sua conversa. Uma delas não ouve bem, por causa do algodão em seus ouvidos, e diz em seu dialeto: "*It's that irrawaddy I've stock in my aars. It all but husheth the lethest sound*". Isso não é apenas a transposição de "*It's this here wadding I've stuck in my ears. It all but hushes the least sound*" [É esse chumaço no meu ouvido, ele abafa qualquer ruído] em um dialeto rude de palavras sussurradas, trata-se da evocação de Lethe, o rio que flui através do Hades; do rio Aar, na Suíça; do Stoke, na Inglaterra; e de um rio indochinês, o Irawaddy.[4]

Temos que admitir o quão inteligentes são essas palavras; quão geniais e divertidas! E são educativas também, como o tipo mais instrutivo de acróstico, que nos faz repassar conscientemente "centenas de rios", como em um dicionário geográfico ou um atlas. Essa também seria uma bela dinâmica para uma aula de geografia na escola. Mas que tipo de ânimo a evocação de Lethe deveria ocasionar?

O defensor da obra de Joyce continua: "Alguns dos neologismos de Joyce não precisam de explicação... Uma palavra como *thonthorstrok* está

---

[4] Babette Deutsch, *This Modern Poetry*.

repleta de alusões literárias, ligando a ideia de *thunder* [trovão], *thunderbolt* [relâmpago] e Thor, o deus nórdico do trovão que empunha o seu martelo". Bem, isso lá é verdade, mas não veicula mais do que o que a palavra *thunderstroke* [trovoada] transmite, e, na verdade, até menos. Pois o neologismo limita as associações àqueles a quem a sua excentricidade chama a atenção consciente. Já a "trovoada" evoca a memória subconsciente de associações não apenas com "trovão", "relâmpago" e "Thor", mas também com *toda e qualquer* imagem verbal e visual acumulada pela palavra através de muitos séculos, desde Júpiter, o Tonante, até o canhão no Vale da Morte; de Jó e dos Salmos, até os dois Boanerges[5] e os trovões apocalípticos que procediam do Trono. Esse passatempo intelectual de dissecar "*thonthorstrok*" nos fez ficar ativamente alertas e, dessa forma, imunes à sugestão subconsciente, de modo que em nosso espanto mal e mal nos damos conta do nosso próprio parentesco com Robinson Crusoé, que, vendo um fenômeno sem precedentes como esse, "ficou como que fulminado por um raio, ou como se tivesse visto um fantasma". Assim, nessa tentativa de fazer por um dispositivo mecânico o trabalho que deve ser feito pela "resposta da alma viva", o filho usurpa o controle do espírito, e o pai fica sufocado e se perde em meio à poeira levantada pela luta.

Já o escritor obcecado pelo espírito entende que a sua emoção é, por si só, suficiente para despertar a resposta do leitor, sem passar pela disciplina de uma encarnação completa, e sem a coerência que vem da referência a uma Ideia condutora. Tal homem é capaz de escrever com lágrimas escorrendo pelo rosto, e ainda assim não produzir nada senão uma retórica pomposa, um mau gosto raso ou absurdos. O ator que demonstra paixão em cada linha de sua fala, de modo que soluços sufoquem sua palavra e o nervosismo paralise seus membros, se confiar exclusivamente nessa reação pessoal, tudo o que irá alcançar será a asfixia e a paralisação da resposta de seu público. Há controvérsias em torno da questão: deve o ator "vivenciar" o seu papel, será necessário que ele sinta a coisa por si mesmo para (como muitos dizem) "atuar com sensibilidade"? Está certo que a confiança implícita na técnica (que é a heresia cometida pelo obcecado pelo filho) reduzirá a arte de atuar a um conjunto de truques mecânicos. Mas, como diz Coquelin,

---

[5] Palavra de origem grega que significa filhos do trovão. Teria sido o sobrenome dado por Jesus a Tiago e João, filhos de Zebedeu, em virtude do seu temperamento impetuoso. (N. T.)

"se eu me recuso a acreditar na arte sem natureza, não terei natureza sem arte no teatro". E ele conta o seguinte conto sobre Edwin Booth, que, lembremos de passagem, não era incompetente, mas um dos principais atores de tragédias de sua época:

> Certa noite, ele estava encenando *Le Roi S'Amuse*.[6] Esse foi um dos seus melhores papéis e ele gostava de representá-lo. Naquela vez, ele ficou ainda mais satisfeito consigo mesmo do que de costume, a força das cenas, o *páthos* do texto trabalhou de forma tão poderosa nele que ele se identificou completamente com seu personagem. Lágrimas de verdade escorreram de seus olhos, sua voz estava quebrantada de emoção; soluços reais o sufocavam, e pareceu-lhe que nunca tinha atuado tão bem. Quando a apresentação terminou, ele viu sua filha correndo em sua direção. Ela, sua crítica mais sincera, estava assistindo à cena de um camarote e se apressava ansiosamente para saber qual era o problema, e por que ele tinha representado tão mal naquela noite.[7]

A conclusão de Coquelin é que "se queremos suscitar emoções, não devemos senti-las nós mesmos"; ele não disse que nunca as devemos sentir, mas que "o ator deve permanecer senhor absoluto de si mesmo em todos os casos". O que ele está tentando dizer é que o artista não deve tentar forçar uma reação pelo contato direto com qualquer reação sua, pois o espírito não pode falar com o próprio espírito sem intermediário. Para interpretar a sensibilidade aos dotados de sensibilidade, não basta termos apenas a técnica controlada da Energia, que orienta a expressão material, mas também precisamos da Ideia controladora, que, "sem partidarismos ou paixões", move todas as coisas, "mesmo sem mover a si mesma". Em toda arte deve haver esse núcleo duro ou esfera inclusiva (qualquer que seja a metáfora preferida) da liberdade de paixões, do contrário, a resposta do espírito para com o filho se torna acrítica, sem qualquer padrão de autoavaliação.

É claro que o trabalho de bons escritores se torna "obcecado" por uma ou outra pessoa de sua trindade de vez em quando, e isso acontece, por vezes, até mesmo ao melhor entre eles, quando isso os leva a produzir o que parecem ser paródias antipáticas de seu próprio estilo. Mas todos os escritores (como seres humanos, por melhores que sejam) estão sujeitos a que

---

[6] *Le Roi S'Amuse* [O Rei se Diverte] é uma peça escrita por Victor Hugo em 1832. (N. T.)
[7] Constante Coquelin, *L'Art du Comédien*

a sua trindade se torne desigual – ligeiramente desproporcional – de modo que possamos dividi-los naqueles centrados no pai, centrados no filho e centrados no espírito santo.

Assim, Blake, em seu momento mais lúcido, suave e lírico, apresenta ainda a coerência intelectual estrita e o descolamento alegre do pai: suas paixões mais ferozes têm algo de cósmico e impessoal; mas provavelmente foi essa qualidade que provocou Lytton Strachey[8] a acusá-lo de ser "desumano".[9] Grande parte da controvérsia um tanto sem sentido entre os clássicos e os românticos é, no fundo, decorrência de uma incompatibilidade temperamental entre a centralização no pai e a centralização no espírito. E, por outro lado, muitos escritores cuja obra é, em geral, assimétrica e pouco satisfatória trazem à tona um ou outro poema perdido ou frase isolada, na qual tudo o que era fraco e disperso parece, de repente, ser trazido novamente à perspectiva correta; uma obra assim se destaca de todo o seu legado com brilho único e uma "retidão" tal que se parece com a imagem de um estereoscópio no momento da sobreposição perfeita. Estes, imagino eu, são os momentos em que a trindade do escritor ajustou-se a si mesma temporariamente – em que a Energia, a Ideia e o Poder se tornaram consubstanciais e coiguais pelo menos uma vez. O efeito, quando ocorre, é tão dramático que pode nos fazer achar difícil de acreditar que ainda estejamos lidando com o mesmo escritor.

Na verdade, os críticos do drama elisabetano raramente sequer querem acreditar nisso, mas logo atribuem a magnífica intrusão à mão interpoladora de Shakespeare. No entanto, não há dúvida de que o fenômeno realmente ocorra, e o exemplo mais conhecido está, suponho eu, no famoso verso: "Uma cidade rosa-avermelhada com metade da idade do tempo", vinte sílabas[10] que foram suficientes para tornar o seu criador imortal, embora em nenhuma outra parte do poema, nem (até onde eu sei) no restante

---

[8] Lytton Strachey (1880-1932), biógrafo, crítico literário e escritor britânico. (N. T.)

[9] Não deveria ser necessário deixar claro aqui – mas tudo leva a crer no contrário – que a característica distintiva daquele que é centrado no pai não é o alto nível do tema e da linguagem, mas o fato de que todo o trabalho do escritor e cada parte de sua obra possam ser remetidos a uma unidade coerente e controladora da Ideia. Blake, Tomás de Aquino, Euclides e Bach são todos centrados no pai; o mesmo vale para Lewis Carroll nos livros sobre *Alice*, mas Milton não o é, nem Donne, embora o pai seja poderoso em ambos.

[10] Em inglês: *A rose-red city half as old as time.* (N. T.)

de sua criação, o digníssimo cavalheiro tenha apresentado uma única frase memorável ao mundo.[11]

Não é nenhuma heresia mais séria ou um pecado mortal centrar-se no pai, no filho ou no espírito; a imperfeição geral da natureza humana pode, no máximo, ser classificada como o efeito venial e inevitável do pecado original. A imagem de Deus está um pouco distorcida: se não fosse assim, não deveríamos nos tornar "como deuses", mas *seríamos* deuses. O que é de fato destruidor na criação do artista é a debilidade profunda e arraigada de qualquer um dos aspectos da Trindade. Dessa forma, uma debilidade insistente do "pai" ou da Ideia vem à tona pela confusão ou incoerência, pela quebra da unidade aristotélica da ação ou, então, o que é ainda mais desastroso, pela não observância da unidade do tema. Nem todas as obras que possuem *formas* incoerentes e episódicas são criações "desprovidas de pai"; a forma é o domínio do filho e uma forma incoerente, como a de uma novela picaresca, pode ser adaptada de modo a exigir a expressão da Ideia de forma correta e seletiva.

Mas se não houver unidade da Ideia, que inclua em si toda a estrutura móvel; ou se a obra, tendo começado como um tipo de coisa, termina se mostrando outro tipo de coisa; ou se ela vai contra a sua própria natureza e finalidade no processo de desenvolvimento; ou se (curiosamente, isso acontece com grande frequência) ela nos encanta ao longo da leitura pela sucessão elegante de suas partes, no entanto, não deixa na nossa memória nenhuma impressão distinta de si mesma, formando um todo coerente; em casos assim, há algo radicalmente errado com a sua Ideia paternal. É claro que há escritores que se orgulham de nunca planejar um livro de antemão; se eles estão dizendo a verdade, são hereges. Mas, muitas vezes, eles fazem essas reivindicações com tom de ironia. É bem fácil testar as suas declarações. Quando a sua criação tem sucesso como obra de arte, o produto final irá sempre revelar uma unidade de tom e tema que com grande certeza não foi parar ali por acaso. *Tristram Shandy*,[12] por exemplo, o mais obstinado de todos os pretendentes à incoerência, mantém a sua unidade por uma convincente uniformidade de estilo e uma falta metódica de método que é

---

[11] Do poema "Petra", de Dean Burgon, que recebeu o Prêmio Newdigate de 1845.

[12] *A Vida e as Opiniões do Cavalheiro Tristram Shandy*, de Laurence Sterne, publicado entre 1759-1767, em nove volumes. (N. T.)

prova da cooperação inteligente entre pai e filho em sua criação. Para ilustrar uma incoerência e atrofia genuína da paternidade, temos de lançar mão de um exemplo da coleção de belezas raras, mas desconectas, que compõe o *corpus* disperso dos dramas de Beddoes.[13] Aqui, tudo é lindo, tudo é poderosamente fragmentado, mas o poder e a beleza da obra *como um todo* praticamente não existem. Trata-se de um monte de refugo de começos depreciáveis, finais abortados, episódios desconexos, passagens de transição que não ligam nada, ações sem motivação, cenas que levam a situações que nunca são desenvolvidas, discursos contrários ao caráter dos personagens que estão falando, cujo aspecto é apenas uma massa informe e sem personalidade. Não há unidade, a não ser a da preocupação mórbida com a morte, que pode ser vista como forjadora de unidade. Também não há verdadeira canalização da energia, e não há integralidade de concepção. A descrição de Charles Kelsall do comportamento criativo de Beddoes mostra de forma suficientemente clara onde se encontra a sua debilidade:

> Sua composição poética na época [*da sua juventude*] fluía de forma excepcionalmente fácil: mais de uma vez, ele foi para casa à noite levando consigo o ato inacabado de uma peça, em que o editor [*o próprio Kelsall*] havia descoberto muitos aspectos admiráveis, e, no encontro seguinte, ele já havia produzido algo novo, parecido em sua estrutura, mas repleto de outros pensamentos e fantasias, projetadas pela sua imaginação fértil, com toda a abundância e não a partir de qualquer sentimento, certo ou exagerado, de indignidade do seu material anterior. Desses diversos fragmentos muito surpreendentes, de aspecto grandioso e imponente, na fase inicial de sua formação "como o contorno vermelho de um Adão recém-criado", [...] o único traço que ficou foi, literalmente, a impressão, portanto, profundamente impregnada na mente de seu único observador.

Essa é a imagem de uma Energia esplendorosa, acompanhada de um Poder impressionante, mas que perde a sua consistência pela falta de conexão com uma Ideia mais forte. Posteriormente, em estágio mais avançado da vida, a fluidez fácil que era capaz de criar e destruir assim, de forma tão descuidada, transforma-se numa incansável insatisfação. O autor, assim irritado, se refere a seu próprio trabalho, dizendo: "Os personagens infernais do *Jest*

---

[13] Thomas Lovell Beddoes (1803-1849), médico, poeta e dramaturgo inglês. Suas obras são marcadamente macabras e grotescas. (N. T.)

Book [Livro da Comédia] (o drama inacabado do livro *Death's Jestbook* – [Livro da Comédia dos Mortos]) ficavam tagarelando o tempo todo, e eu não tinha como impedi-los"; "muitas vezes tenho a forte suspeita de que não tenho nenhuma vocação real para a poesia"; "não tenho nenhum direito de esperar qualquer distinção como grande escritor [...] pegue um só ato de Shakespeare para ler [...] ou qualquer coisa real, natural e socialmente profunda, e depois algo como o *Livro da Comédia*, e vai perceber, na hora, como é forçado, artificial, insípido, etc. etc, como são todas as coisas desse tipo"; "o interminável *Livro da Comédia dos Mortos* [...] a malfadada peça" [...] "um livro prosaico de poesia e prosa poética. Ele contém uma meia dúzia de contos cômicos, trágicos e entusiásticos, satíricos e semi-morais: quem sabe meia centena de peças líricas – toques de harpa em vários estilos e humores, e o *Livro da Comédia* que já nasceu morto"; "O *Livro da Comédia* infindável"; "o enfadado *Livro da Comédia*"; e finalmente, depois de sua segunda tentativa de suicídio: "Entre outras coisas, eu bem que poderia ter me tornado um bom poeta, a vida me era enfadonha demais [...]".[14] Ele não terminou nenhum de seus dramas, com exceção do trabalho precoce, *The Brides' Tragedy* [A Tragédia das Noivas], nem a sua coletânea de poesia e prosa jamais foi publicada; toda a sua história criativa foi como a de grandes rios que morrem na praia: "A frustração", escreveu ele, "é a sina do poeta, acima de todos os seres; e daí vem a efusão de sentimentalismo do espírito, essas torrentes que vêm do mais profundo de seus objetos imaginários, porque não havia em sua casa altar que fosse digno de libação". Com certeza, nenhum poeta cuja trindade tenha estado fortemente concentrada no pai poderia ter escrito essa última frase. Exceto pela ausência da Ideia e de um propósito integrador da totalidade da obra, Beddoes tinha, sim, as qualidades de um grande poeta.

É notável, aliás, que Beddoes sempre estivesse interessado em ouvir a crítica e se manifestasse surpreendentemente aberto para alterar a sua obra, para adequá-la à opinião das pessoas.

> Estarei eu certo na minha suposição de que você tenha rejeitado as cenas e pontos em prosa e queria me mandar refazer todos eles? – quase todo o primeiro e o segundo atos, e grande parte do terceiro, e que grande parte das duas cenas principais do quarto e quinto ato sejam fortalecidas e mais bem

---

[14] *The Letters of Thomas Lovell Beddoes*, 1923, passim.

trabalhadas? Mas, veja bem, isso não é nenhum detalhe, embora eu acredite que essas alterações tenham de ser feitas.[15]

Provavelmente, a essa altura, você já deve ter ouvido o parecer de Proctor e Bourne que vem das autoridades [...] a peça deve ser revisada e melhorada [...] Solicitei a Proctor... que especifique suas objeções e, assim que ele tiver feito isso, pretendo solicitar o mesmo de você – tudo o que você levantou é, creio eu, bem certo e será adotado [...] Proctor rejeitou os corvos mensageiros[16] – posso deixá-los de lado – mas ele também considerou os cogumelos amaldiçoados e seus crocodilos "absolutamente inaceitáveis" – mas eu os considero quase necessários para a sobrevivência da peça. O que você me diz? Se a maioria for contra, é provável que eu esteja errado.[17]

E assim vai. É verdade que a maioria dessas mudanças bruscas nunca foram empreendidas; mas a qual escritor cuja trindade esteja em bom equilíbrio ocorreria fazer uma revisão em toda a sua obra, a fim de se ajustar à opinião de um conselho editorial? Aqueles cuja Ideia está no controle completo são especialmente obstinados e impermeáveis à crítica; pois, quando falam da parte do pai, falam com autoridade e não como meros escribas. Basta comparar a indiferença e indecisão de Beddoes com a independência de Blake, concebendo os seus próprios versos em absoluto isolamento obstinado e rejeitando as sugestões bem-intencionadas dos seus amigos, para nos darmos conta do abismo que se abre entre um artista desprovido de pai e daquele centrado no pai.

Blake e Beddoes se apresentam de forma muito apropriada para a comparação entre a força e a debilidade da figura do pai. Eles eram quase contemporâneos (suas vidas se sobrepõem por vinte anos); viviam igualmente isolados do espírito de sua época, e eram ambos poetas de alta qualidade e grande poder. Bem mais difícil é encontrar exemplos memoráveis de força e debilidade relativa da figura do filho. Tudo na estrutura visível da obra pertence ao "filho"; de modo que um fracasso realmente desastroso dessa pessoa da trindade não gera apenas um bom escritor que tem um ponto fraco, mas simplesmente um mau escritor. O número deles é elevado demais para uma seleção fácil; além disso, o castigo da má escrita é de que

---

[15] *Letter to Proctor*, 19 de abril de 1929.

[16] Canção do *Livro da Comédia dos Mortos*.

[17] *Letter to Kelsall*, 30 de abril de 1929.

caia no esquecimento, de modo que o exemplo extremo, quando encontrado, tem pouca chance de ficar conhecido. Entretanto, estamos suficientemente familiarizados com aqueles em quem o filho está completamente ausente, nos seus propósitos e intentos. Eles são os "Miltons inglórios e calados" de quem estamos prontos para esperar, de forma acrítica, que tivessem muito a nos dizer se eles quisessem (como no caso dos macacos), ou se nenhuma circunstância acidental os impedisse. Esse é o mais completo engano. Eles nunca poderiam falar, pois o que lhes falta é precisamente a habilidade do discurso. De fato, a expressão "Miltons calados" é enganosa ou, então, é extremamente apropriada para dar conta da autocontradição; Milton era, de fato, um poeta em quem a imagem do filho era particularmente intensa. O que isso quer dizer realmente é que essas pessoas desafortunadas são, à sua maneira, capazes de acolher uma Ideia, e de sentir o seu Poder de resposta, mas elas não podem dar expressão a ela através da criação, porque estão vazias daquela Energia "pela qual todas as coisas são feitas". Já o qualitativo "inglório" está certo, de forma até mais inclusiva do que usualmente nos damos conta. Não se trata apenas de eles simplesmente não serem glorificados pela humanidade; o que acontece é que não conseguem glorificar a Ideia ou evocar o seu Poder em glória no seio do universo; já que o pai pode ser glorificado *somente* pelo filho.

Assim, tomando os Miltons mudos como ponto de partida, podemos prosseguir, observando que as marcas distintivas da ausência do filho são a frustração e a falta de capacidade de expressão. Os artistas desprovidos de criatividade são os mais infelizes membros da humanidade viva. O homem simples, que os conhece e teme, tem a palavra própria para eles: ele os reconhece como sendo os pobres possuidores daquele "temperamento artístico" que não têm nenhum poder de criação para manifestar e justificá-lo. À semelhança de Beddoes, eles se consideram fracassados, mas não da mesma maneira ou pelo mesmo motivo. Beddoes sabia que o seu malogro vinha de dentro dele e não confiava na própria vocação. Já eles acreditam que a fonte de seu fracasso vem de fora, e desconfiam das outras pessoas; eles se ressentem da recusa do mundo em reconhecer a sua vocação, da qual têm uma certeza intrínseca. Eles sabem e afirmam continuamente, que "têm um quê" que desejam tornar manifesto; mas tal manifestação está além da sua capacidade. Eles são prisioneiros de si mesmos e definham por ser incomunicáveis.

Homens assim são perigosos, já que a Energia, que não pode ser canalizada para se manifestar em forma de criação, acaba implodindo a sua prisão e se expressando em seu próprio oposto. O artista sem criatividade é o destruidor de todas as coisas, a negação ativa. Quando a Energia não é um Cristo, um Anticristo acabará assumindo a liderança do universo em sua corrida alucinada de volta para o Caos.

Às vezes, quando a Energia tiver sido aprisionada e se manifestado violentamente em forma de anticriação, pode tornar-se possível canalizá-la de volta para a criatividade e, assim, restaurá-la para a harmonia com as outras pessoas da trindade. Esse é, ou deveria ser, o trabalho do psiquiatra, cujo negócio é descobrir e desobstruir as grades da prisão, e dar seguimento a essa psicanálise, estabelecendo uma psicossíntese da criação. Paralelamente a isso, poderemos apontar para a tendência caótica e destrutiva de grande parte daquela arte e literatura "surrealista" que declara abertamente que retira a sua inspiração do sanatório. O sanatório é um lugar de retenção; e a mente insana é uma mente presa, que anda irrequieta de lá para cá, como uma fera dentro do círculo apertado de sua jaula de ferro. O homem comum reclama (com toda a razão) que esse tipo de arte é ininteligível; e não poderia ser de outra forma, já que o filho está aprisionado e só pode falar, aos sussurros, ao seu próprio espírito enclausurado. Mas a arte propriamente dita representa o esforço do prisioneiro para escapar; o perigo está em que escape apenas para uma atividade de pura negação.[18]

Diferente dessa frustração total e perigosa, e (felizmente) muito mais comum, é a debilidade parcial e, por assim dizer, localizada, da condição de filho que assume inúmeras formas e da qual nenhum escritor está absolutamente livre. *Toda* corrupção na forma e na expressão é uma corrupção do filho, dos clichês e da péssima gramática até um enredo mal estruturado. Seria inútil tentar enumerar todos esses casos, mas podemos atentar para algumas debilidades muito comuns que indispõem o artista com o seu material. Esse é um problema que se encontra no cerne da condição de filho, porque é o filho quem, *por excelência,* se encarrega da interpretação da Ideia em termos materiais, localizados no espaço e no tempo. O campo de atuação do escritor em que essa debilidade se mostra de forma mais patente

---

[18] A psicologia da destruição e sua relação com a arte surrealista foi pesquisada pelo Dr. G. W. Pailthorpe.

é, naturalmente, o teatro, em que os fatores materiais com que se tem de lidar são especialmente numerosos, variados e obstinados. Então, vamos usar algumas ilustrações da arte dramática.

Já mencionamos[19] a diferença misteriosa entre peças que configuram um "bom teatro" e peças que são meramente "boa literatura". Depois, nós atribuímos a corrupção do dramaturgo a uma corrupção geral do amor pelo homem e pelos meios materiais com que ele trabalha. Estamos interessados, agora, em averiguar mais detalhadamente em que sentido essa corrupção geral corresponde a uma alteração em sua trindade.

Creio que há duas explicações para isso. A primeira diz respeito a uma corrupção do espírito – o dramaturgo não estava disposto a "se sentar nas fileiras do teatro" enquanto escrevia[20] e observar o efeito completo de sua obra ao "responder ao Poder". Vamos voltar a isso mais tarde. Mas a segunda diz respeito a uma corrupção do filho no dramaturgo – ele não acompanhou os seus personagens no palco e quem sabe até esqueceu o palco e os atores ao desenvolver a sua ideia. E, de fato, já ouvi falar de dramaturgos que consideravam a presença de atores e do cenário algo incômodo e desagradável, necessários, mas obstáculos enfadonhos a ser administrados, e cuja mera existência destruía toda a beleza que deveriam interpretar. Acontece que tanto atores quanto cenários estão completamente impregnados pelos aspectos geralmente enfadonhos de todas as coisas materiais. No terreno pantanoso do caos, eles são particularmente esquivos e difíceis de controlar; e suponho que não haja um bom dramaturgo, de Ésquilo até Noel Coward, que não tenha, por vários momentos de tensão, desejado de coração jogar tudo para o alto. Esse tipo de briga e luta é parte integrante do jogo criativo. Mas duvido que alguém seja capaz de escrever uma boa peça sem nunca ter pensado em termos de palco com todo carinho e dedicação enquanto escrevia, sem nunca ter dado um abraço caloroso na atriz, bem como na heroína, e sem ter um fraco por maquiagem, madeira e tintas.

O filho atua simultaneamente nos céus e na terra; isso precisa ser reiterado constantemente tanto no campo da arte quanto no da teologia. Ele está em comunhão perpétua tanto com a Ideia – o Pai – quanto com toda a matéria. Não apenas com algum tipo particular de matéria etérea e refinada,

---

[19] Ver capítulo 5.
[20] Ver capítulo 4.

com coisas enaltecidas e santificadas, mas com *toda* a matéria, de carne e osso, madeira e tinta, tanto quanto com palavras e pensamentos. De acordo com isso, o dramaturgo deve manter a sua imagem do filho constante e *simultaneamente* ativa em dois planos, e com a mesma intensidade em ambos. Vamos supor, por exemplo, que ele esteja escrevendo uma peça sobre o Natal, e que ele deseje apresentar a aparição do Anjo no palco, diante de pastores em vigília –, coisa que eu não recomendaria sob hipótese alguma, devido aos problemas técnicos demasiadamente perigosos envolvidos nisso. Com os olhos da sua mente, ele, sem dúvida, verá diante de si um retrato vasto e brilhante da "cena real"; ele verá os campos nas redondezas de Belém, com a pequena cidade ao fundo e o céu formando uma cúpula sobre a sua cabeça, adornado com a Estrela da Natividade, bem como todas as constelações habituais. Pastores e um rebanho de ovelhas de verdade estarão nesses campos. E "eis que" (isto é, com o efeito de surpresa irresistível), o Anjo do Senhor "desce sobre eles" e "a glória do Senhor brilha sobre eles". Na sua imaginação ele vê um vulto imenso e lúcido, provavelmente flutuando em direção à terra, nas asas do arco-íris, e mergulhando numa "luz que nunca se encontrava no mar ou na terra". Isso tudo é muito lindo, e está certo que ele tenha tido essa visão, mas ele atrairá problemas para si mesmo e para o produtor se esperar ver no palco exatamente aquilo que viu em sua mente, quando escreveu: "Cena: campos nas redondezas de Belém; surgem os pastores e as ovelhas... Um Anjo do Céu entra em cena, em toda a sua glória". Para evitar um desapontamento amargo, ele deverá ver, enquanto escreve, e *ao mesmo tempo em que tem sua visão*, os seguintes objetos mundanos e materiais:

- um palco de madeira de, aproximadamente, oito metros de largura por cinco de profundidade;

- um pano de fundo pintado como céu ou ciclorama, e material de acabamento para as fronteiras do céu;

- certo número de corredores de lona e demarcações de chão, com algumas tribunas de madeira;

- um rebanho de ovelhas alugadas ou compradas (e, se ele for inteligente, vai descartar a péssima ideia de trabalhar com animais vivos e substituí--los por uma pessoa, imitando as ovelhas nos bastidores;

- aproximadamente três atores, com perucas e figurino apropriados;

- outro ator, de estatura mediana e pesando no máximo oitenta quilos, envolto em cetim, tendo sobre os ombros asas feitas de madeira e papel (que são eficazes, mas pesadas) ou de gaze (que é leve e transparente, mas tem a tendência de ficar pouco firme e oscilar);

- uma corda para baixar a infeliz múmia, ou um dispositivo que possa abrir e revelá-lo de repente a uma altura adequada, sem que o mecanismo possa ser visto por *nenhuma* pessoa da plateia (tendo em mente a linha de visão da primeira fileira e a da fileira final da plateia);

- material elétrico de iluminação, incluindo soquetes em ponto e em linha, pontos de luz móveis e fixos para a frente do palco, pontos de luz centrais, luminárias móveis e fixas e os suportes, extremamente úteis, para se obter o efeito de todos os fenômenos celestes conhecidos como luzes fixas para a área de atuação; juntamente com o das luzes gelatinosas, das geadas e do entardecer, e todas as combinações possíveis de todas ou qualquer uma dessas coisas que possam ser inventadas para um palco médio, sem ter de empregar mais do que, digamos, dois técnicos eletricistas, um na ponte e outro nos bastidores do palco.

Não estou dizendo que o dramaturgo precisa conhecer pessoalmente cada truque técnico do gerenciamento de um palco (embora não seja nada mal ele conhecer); mas se ele não souber o que pode e o que não pode ser feito no palco, o sucesso alcançado pelo diretor provavelmente será bem diferente do efeito que ele desejava ver. Ao passo que, de maneira geral, quanto mais ele pensar em termos de carne e osso, cenário e esquemas elétricos, mais a plateia estará pronta para apreender a luz invisível de sua visão. A glória do "filho" se manifesta na perfeição da carne; e ao insistirem na Humanidade perfeita, os teólogos não estão trabalhando em nenhuma tese acadêmica, mas em algo que tem fundamentação rica na experiência teatral.

No caso do nosso exemplo, a razão é perfeitamente clara: se trabalha com os meios materiais em mente, o escritor é capaz de moldar as suas palavras e ações de modo a aproveitar toda a extensão dos recursos teatrais e de evitar os pontos fracos; isto é, ele contará com a vontade de criação teatral a seu favor. Por estranho que possa parecer, para aqueles que amam o palco de verdade, essa coisa de pensar e trabalhar em duas dimensões não apresentará nenhuma dificuldade de imediato; nem tampouco a visão material prejudicará ou destruirá a visão ideal, como se poderia supor. Ambas coexistem de forma independente e continuam distintas. Os bastidores do palco não substituirão a Belém imaginada; e as ovelhas que vimos naqueles campos a perder de vista da nossa mente também não estarão banidas.

Enfatizo esse assunto diante da curiosa confusão da opinião pública a esse respeito. É frequente perguntarem ao dramaturgo: "Você não fica chateado ao ver aqueles atores insensíveis arruinando os seus belos versos?". Se os atores forem tão insensíveis a ponto de arruinar *mesmo* os versos dele, então, chateado seria pouco; mas não é isso que se está querendo saber. O que se está querendo dizer na verdade é: "Você não se ressente da intromissão de atores terrenos e tão medíocres em suas visões espirituais?". Ao fazer essa pergunta, o que se está questionando é a própria vocação do dramaturgo, pois quem pensa assim não tem nada que ver com o palco. Dramaturgos assim existem realmente e ser considerado um deles não é nenhum elogio. Todos aqueles que apresentam essa visão do teatro praticam uma espécie de gnosticismo – eles acham que morar em um corpo material limitado está abaixo da dignidade do filho, e reivindicam para si um corpo que é uma manifestação puramente psíquica, que apresenta todas as qualidades sobrenaturais da divindade.

Os dramaturgos gnósticos são capazes de produzir fenômenos muito estranhos e absurdos. John Ervine[21] cita um exemplo tão sublime que pode ser considerado incrível, se é que qualquer delírio humano possa ser considerado incrível:

> Certa feita, li o manuscrito de uma tragédia em cinco atos que, exceto pelo tempo para a troca de cenário, poderia ser apresentada em vinte minutos. A seguir, o segundo ato completo:
>
> *O cenário é o quarto de uma moça, numa cabana. O aposento está mergulhado na penumbra, a heroína se encontra na cama. Ela abre os olhos, fecha os olhos, cerra os punhos e os abre novamente, e então exclama em voz alta: "Meu Deus! Ajude-me a ser corajosa!"*
>
> Cortina.

---

[21] John Greer Ervine (1883-1971) foi um autor, crítico e dramaturgo irlandês, conhecido por St. John Ervine. (N. T.)

A peça foi escrita por um adulto que já havia escrito muita poesia e de quem se esperava estar habilitado para representar determinado posicionamento, mas o registro que fiz da sua peça indica que, quando ele veio a escrevê-la, não apresentava qualquer capacidade de julgamento. Evidentemente, ele deve ter imaginado que grande parte do tempo poderia ser ocupada pelo estado de agitação da moça. Acontece que, no palco, o tempo é mais curto do que o tempo na vida real.[22]

Depois de discutir a questão da "ilusão do tempo" na dramaturgia, o crítico continua:

> Há outro ponto importante acerca desse ato breve, que é o seguinte: mesmo que a duração da cena pudesse ser prolongada através de pausas, do abrir e fechar dos olhos, cerrando e abrindo os punhos, não haveria nenhum minuto sequer disponível para isso, pela simples razão de que a cena toda não se dá apenas na cama – na qual se tem pouco espaço e mobilidade para um gesto dramático – mas na escuridão total.[23]

E aqui botamos o dedo no cerne da questão. Fica claro que o escritor nem ao menos assistiu à sua peça – sequer deu uma olhada no palco, do contrário, teria notado que estava escuro feito breu. Ele não olhou para a sua criação com os olhos de um ser humano; ele olhou para a sua visão ideal com os olhos divinos do autor, que é capaz de ver na escuridão. A desconsideração do tempo e da escuridão provam plenamente que a deturpação está na figura do filho, cujo atributo peculiar é precisamente de manifestar o não criado na matéria e a eternidade no tempo. Note-se que o dramaturgo já "havia escrito muita poesia de boa qualidade". O corpo material da "poesia", que consiste apenas da palavra escrita ou falada, é, com efeito, muito menos grave e complicado do que o corpo material do drama. Esse crítico não revela se considerava essa poesia de boa qualidade; na falta de provas em contrário, acreditamos que sim; a imagem do filho era suficiente no autor para essa manifestação mais tênue. Mas ela não era suficientemente robusta para lidar com os grandes blocos de tempo que têm de ser gerenciados no palco.

Deve-se notar que aqui também surge uma debilidade em relação ao espírito, já que o dramaturgo obviamente não se "acomodou nas fileiras da

---

[22] John Ervine, *How to Write a Play*.
[23] Ibidem.

plateia" de seu próprio espetáculo. E isso não é mais do que o esperado. Qualquer debilidade na dimensão do filho acabará, inevitavelmente, por afetar o espírito. Se os artistas criativos fossem chamados a dar a sua opinião sobre o filho, eles certamente decidiriam aderir ao lado ocidental da controvérsia, já que a experiência deles não os deixa ter nenhuma dúvida sobre a procedência do espírito a partir do filho. Na verdade, entretanto, nosso dramaturgo não sofria de falta de resposta à sua própria Ideia. Pode-se dizer que, no "céu de sua mente", a resposta, se é que existia, era poderosa o bastante. Ele reagiu fortemente à situação (qualquer que ela tenha sido) e às emoções que atribuiu à sua heroína, mas a resposta permaneceu dentro dele (pois que o seu "filho" não havia se manifestado materialmente) e não tinha como ser comunicada socialmente em um Pentecoste cheio de poder.

A heresia que se destaca no dramaturgo "literário" é um gnosticismo desencarnado, que assume várias formas, como, por exemplo, do diálogo "literário", que se pode interpretar de forma apurada, mas que nenhum ator vivo seria capaz de encenar, e da direção teatral "literária", que exige que o ator comunique, por meio de sua expressão facial e gestos, estados mentais complicados, ou então relatórios de informativos detalhados que, mesmo com a ajuda de um Henry James ou um Edward Gibbon, só poderiam ser comprimidos numa fala com enorme esforço. O que o ator precisa praticar é, na verdade, uma espécie de telepatia. O dramaturgo gnóstico foi brutalmente exposto ao ridículo para todo o sempre na figura do Sr. Puff:

Lorde Burleigh aparece, sacode a cabeça e sai.

Sneer: Perfeito, então! Agora, diga-me, o que ele quis dizer com isso?
Puff: Você não entendeu?
Sneer: Não, pelo menos não com a alma.
Puff: Bem, ao sacudir a cabeça ele deu a entender que, embora eles tenham sido mais justos em sua causa e agido com sabedoria em suas medidas, acabariam, por fim, rendidos à monarquia espanhola, se o povo não manifestasse uma superioridade de espírito.
Sneer: Diabos! Será que ele quis dizer tudo isso, só de sacudir a cabeça?
Puff: Com todas as letras – se ele tiver sacudido a cabeça da forma como eu lhe ensinei.[24]

---

[24] R. C. Sheridan, *The Critic* [O Crítico], Ato III.

Outro exemplo de direção gnóstica encontra-se no final da peça *Drama of Exile* [Drama de Exílio], de Elizabeth Barrett Browning. Esse não é um exemplo muito justo, já que a autora provavelmente jamais cogitou seriamente a produção de uma peça para um teatro real, mas é um grande prazer citá-la: "As estrelas brilham, enquanto Adão e Eva perseguem o seu caminho para dentro da selva ampla. O silêncio é quebrado como que pelo correr das lágrimas de um anjo".

"Como é que as lágrimas de um anjo", indaga G. K. Chesterton com seu feroz bom senso, "poderiam ter provocado todo esse barulho? Parece mais o barulho de baldes sendo esvaziados, mangueiras irrigando o jardim ou de riachos nas montanhas". Acontece que é esse precisamente o tipo de pergunta de bom senso que um produtor teatral é obrigado a fazer. As "cordas de harpa" ao som das quais a cortina se fecha na peça *O Jardim das Cerejeiras* é um "caso" suficientemente preocupante – mas aqui a imagem do filho em Anton Tchekhov é arrojada o bastante para se materializar em algo definível.

Seria um passatempo fascinante elencar as principais heresias cristológicas, contrapondo-as com seus paralelos artísticos. Temos aí, por exemplo, o arianismo artístico[25] – muita técnica e nenhuma visão, como nas comédias domésticas francesas e naquele tipo mais trapaceiro, maquinal e simples de romance policial, que nada mais é do que uma série de pistas materiais. Há escritores de propaganda – particularmente os romancistas e dramaturgos – que são maniqueus.[26] Seu "filho" assume ser um corpo humano genuíno, mas na verdade não passa de um simulacro vazio que não sabe viver, amar e sofrer de verdade, e que executa gestos que simbolizam a Ideia. Temos ainda os adeptos do patripassianismo, que envolvem a Ideia de Pai nas vicissitudes e tormentos da Atividade criativa. Os autores patripassianistas são aqueles que (no linguajar comum) "dão jeito em tudo". Os autores de séries são fortemente tentados a abraçar essa heresia.[27] Também podemos classificar

---

[25] A heresia pregada por Ário, o presbítero, no século IV, ensinava que Cristo, embora fosse o mais nobre de todos os homens, não era da mesma substância de Deus Pai. (N. T.)

[26] Ver nota 1 do capítulo 7.

[27] Segundo o patripassianismo, Deus, o Pai, sofreu na cruz junto com Deus, o Filho. Vale lembrar aqui novamente que, na nossa analogia, "vicissitudes e tormentos" acompanham a criação literária e que, portanto, não têm nada que ver com o sujeito da obra ou as emoções da vida pessoal do autor.

como patripassianistas aquelas obras em que a Ideia passa por uma mudança sutil ao longo do processo de escrita, de modo que o efeito geral de toda a obra, quando lida, seja diferente daquele sucesso que todas as suas partes almejam alcançar. Essa peculiaridade é um pouco difícil de elucidar claramente, mas temos aqui um exemplo dado por G. K. Chesterton, que se destaca (possivelmente devido à clareza de sua teologia trinitária), por ser um observador muito meticuloso das incongruências dos outros escritores.

> Tomemos o caso de "In Memoriam" [...] Vou declarar um verso [...] que sempre me pareceu esplêndido, e que expressa o que o poema todo deveria expressar – mas raramente o faz:
>
> "Que em meio à poeira,
> Levantemos a voz para aquele que ouve
> Um brado que soa para além dos anos de derrota
> Para aquele que trabalha conosco e em nós confia".
>
> O poema era para ser um clamor em decorrência de anos de dominação. E poderia até tê-lo sido, se o poeta tivesse dito categoricamente, no final, como uma amostra do mais puro dogma: "Eu esqueci todo traço do rosto desse ser humano: mas sei que Deus o mantém vivo". Mas sob a influência da extensão de tudo isso, que provém de mera serenidade, o leitor tem, muito antes, a sensação de que a ferida só se curou com o tempo, que os conquistadores tiveram mesmo razão de gabar-se de que esse foi o homem que amou e perdeu, mas que tudo que ele representava se esgotou. Isso não é verdade; e Tennyson não queria que fosse verdade. Trata-se simplesmente do resultado da falta de algo militante, dogmático e estrutural nele; e por isso ele não estava em condições de assumir um procedimento literário muito extenso, sem se enrolar todo, como um gatinho brincando com os seus novelos de lã.[28]

Esse curioso resultado literário poderia servir de exemplo de uma debilidade do pai; mas G. K. Chesterton o classifica, instintivamente, como uma imperfeição herética na imagem do filho – "a falta de algo de *estrutural*", a consequência de um *longo processo literário* –, e creio que ele estava certo: não importa sob que ângulo o encaremos, trata-se de patripassianismo.[29]

---

[28] G. K. Chesterton, *The Victorian Age in Literature*.

[29] Por outro lado, creio que o caso de J. D. Beresford em *Writing Aloud* [Escrevendo em Voz Alta] (ver p. 77, seja de um patripassianismo que se deriva da debilidade paterna. A Ideia não era suficientemente poderosa na mente do escritor para controlar a Energia;

O imperativo do espaço e do tempo deve nos afastar para longe do escravizador esporte da caça às bruxas. Mas precisamos ainda dizer algo sobre o terceiro lado da Desigualdade na Trindade – a imperfeição do espírito.

Isso, como tudo o que tem a ver com o espírito, é (pelas razões já tratadas)[30] difícil de examinar em detalhe; o que é lamentável, já que a corrupção do espírito é a mais completa e desesperadamente desastrosa de todas as corrupções – de novo, pelas razões dadas. Pois o espírito é o meio no e através do qual tanto o pai quanto o filho atuam criativamente, de modo que uma falta nessa parte da trindade seja, por sua natureza própria, irremediável. Isso poderia servir como ponto de partida para dizer que, enquanto a corrupção do pai pode ser resumida *grosso modo* a uma corrosão no Pensamento; e a corrupção do filho a uma corrosão na Ação; a falta do espírito é uma corrosão na Sabedoria – não a sabedoria do entendimento, mas a sabedoria mais íntima e instintiva do coração e do sentimento.

As pessoas que não foram agraciadas pelo espírito não são pouco inteligentes, nem são indulgentes ou pouco habilidosas; mas o que acontece é que há certas coisas que elas simplesmente não sabem e parecem incapazes de saber. Nos termos da nossa analogia, a corrupção do espírito é característica do escritor pouco literário e do artista não artístico. Não estou falando de artista por "natureza", que não precisa aprender técnicas, para fazer distinção do tipo literário e acadêmico; estou falando dos homens que usam as palavras sem inspiração e sem empatia. Eles podem ser comparados ao homem que "não tem sensibilidade para" uma máquina; ou ele é incapaz de fazê-la funcionar, ou ele a manipula e danifica no manuseio, ou (o que seria pior) ele a põe para trabalhar e a abandona a si própria, sem controlá-la ou saber o que acontece com ela. (Aliás, é singularmente desastroso o fato de que muito do nosso maquinário social, incluindo as próprias máquinas, seja entregue hoje nas mãos de pessoas cujo forte não está no espírito.)

Portanto, o escritor não agraciado pelo espírito não peca apenas por não ser inspirado, mas também por ser acrítico. A ideia de que a autocrítica seja um obstáculo para a inspiração é bastante equivocada, e só é corroborada pela mente de poetas menores, de quinta categoria. A crítica criativa

---

de modo que o filho, em vez de "fazer a vontade do pai", estava fazendo a sua própria vontade e aquela dos personagens. Em todo caso, o patripassianismo deve implicar certa debilidade paterna, já que é uma heresia que nega e confunde a *persona* do pai.

[30] Ver capítulo 8.

é a resposta contínua do espírito à sua própria criação; e o tipo de crítica puramente destrutivo e inibidor não passa de um antítipo diabólico de seu arquétipo divino, como acontece com todas as forças destrutivas.

É essa morbidez dos não agraciados pelo espírito que paira como um triturador sobre a eloquência dos políticos vulgares e dos párocos conscientes de que não têm o dom da pregação. Palavras que deveriam ser vivas saem das suas bocas como pedras; falta-lhes o espírito da sabedoria, que é a vida. É como se o pregador não estivesse ouvindo o que estava falando – muito menos consegue ele se colocar no lugar dos seus ouvintes. O espírito não é derramado nem nos céus nem sobre a terra. No palco da criação, o pai se encontra assentado distante, isolado de qualquer contato; o filho cai num palavreado e gesticulações desprovidos de sentido, como um autômato; a plateia está vazia e seus assentos, protegidos contra a poeira.

– O que você está lendo, meu senhor? – Só palavras, nada mais do que palavras.

Um traço preocupante dos desprovidos de espírito é a sua complacência; eles andam e falam, ignorantes do fato de estar mortos. É claro que também não percebem que sua própria criação está morta. Como poderiam? Só os vivos podem se dar conta da distinção entre a vida e a morte. Daí os sermões desprovidos de vida, os discursos sem motivação, repletos de metáforas desgastadas e de flores da retórica pisoteadas até a morte; daí o impulso implacável para a batalha incontornável entre as múmias embalsamadas dos sentimentos, montadas sobre cavalos como um El Cid morto e rígidas em suas mortalhas, debaixo da armadura imponente. Daí (o que é mais divertido) aquelas justaposições sem graça de imagens vivas e mortas que – para a mortificação e o espanto do seu perpetrador – são acolhidas como metáforas mistas pelo ouvido alegre e irreverente do leitor vivo: "Sem dúvida, ele arde em desejo pela ação desenfreada e sem sela, por cruzar o Atlântico feito falcão";[31] ou, então, associações verbais lamentáveis como: "As águas torrenciais, saltando no ar, / Deixaram o fundo do rio surpreendentemente à vista";[32] ou ainda as blasfêmias inconscientes dos

---

[31] Ramsay MacDonald, em um Debate sobre o Desemprego, em 16 de fevereiro de 1933. *Hansard*, vol. 274, p. 1312.

[32] Penso que se trata de algum dos poetas menores do século XVIII sobre a Arca da Aliança atravessando o Jordão. Esqueci a referência, mas a frase lapidar em si mesma está indelevelmente estampada na minha memória.

piedosos que suplicam: "Que Deus prossiga, de eternidade em eternidade / Esse trabalho imponente que *Harris* começou".[33] Decorrem daí, também, o anticlímax pomposo e prosaico, e aquele tipo de "versos" descompassados das peças que provocam risos ao aparecerem fora de hora.

Tudo isso, certamente, nos remete ao que é a essência da *persona* do espírito: o poder do conhecimento do bem e do mal.[34] É a corrosão desse poder que bloqueia a inspiração, cortando o contato com o pai, que é a bondade positiva na criação, e que destrói o senso crítico, destruindo a separação existente entre o negativo e o positivo, entre o caos e a criação.

---

[33] Jane Cave, *Poems on Various Subjects, Entertaining, Elegiac, and Religious*, 1783. J. C. Squire (1884-1958) foi o benfeitor que resgatou esse tesouro do esquecimento, em *Life and Letters*, artigo "Jane Cave".

[34] Nesse contexto, é claro, temos o bem e o mal artísticos; os desprovidos do espírito das letras são frequentemente pessoas de um juízo crítico austero na esfera da moralidade.

CAPÍTULO 11

PROBLEMATIZAÇÃO

Sei pelos filólogos que a "ascensão ao poder" das palavras "problema" e "solução" como termos dominantes do debate público deu-se nos dois últimos séculos, especialmente no século XIX, e ocorreu paralelamente a uma "ascensão" da palavra "felicidade" – por razões que, sem dúvida nenhuma, existem, e seria interessante descobri-las. Da mesma forma que "felicidade", nossos dois termos, "problema" e "solução", não podem ser encontrados na Bíblia – um aspecto que confere a essa obra ímpar o encanto da verdade definitiva [...] De uma maneira geral, a influência dessas palavras é maligna e em proporções cada vez maiores. Eles iludiram pobres homens com as expectativas messiânicas [...] que são fatais para a manutenção das boas obras e da boa conduta em geral [...] O cidadão valente jamais deve se envergonhar de confessar que não tem nenhuma "solução para o problema social" a oferecer aos seus concidadãos. O que ele deve lhes oferecer, antes, são suas habilidades, sua vigilância, sua fortaleza e sua honradez. Pois não se trata aqui, em primeira instância, de um "problema", nem a resposta a ele é alguma "solução".
L. P. Jacks, *Stevenson Lectures*, 1926-27

A visão estética da vida não pode, entretanto, ser confinada àqueles capazes de criar ou apreciar obras de arte. Ela existe onde quer que os sentidos naturais tenham uma infusão livre sobre os fenômenos múltiplos do nosso mundo e onde quer que a vida, consequentemente, se encontre cheia de felicidade.
Herbert Read, *Annals of Innocence and Experience*

Até aqui, investigamos a correspondência entre os dogmas cristãos e a experiência do artista com relação à temática da mente criativa e vimos que há aí de fato uma concordância notável entre eles.

Agora, como isso tudo afeta o homem comum?

Nos últimos anos, tornou-se mais do que claro que algo de definitivamente errado estava acontecendo com a nossa concepção de humanidade e com a atitude da própria humanidade em relação ao universo. Começamos a suspeitar que a abordagem puramente analítica do fenômeno só nos levará, cada vez mais, para o fundo do abismo da incoerência e da aleatoriedade, e que está se tornando urgentemente necessário construir uma síntese da vida. Temos uma vaga ideia de que o artista criativo se especializa em uma forma ou outra de construção, e que a religião cristã também reivindica, de um modo que não é totalmente claro para nós, conduzir a humanidade para um relacionamento correto com um Deus cujo atributo é a criatividade. Dessa forma, o homem comum, que é pressionado por todos os lados para se tornar criativo e construtivo, pode voltar-se, com toda a razão, para essas duas autoridades, na esperança de que elas possam lançar alguma luz, primeiro sobre o que é a criatividade e, em segundo lugar, sobre a sua significância para o homem comum e seus interesses.

Podemos abordar por dois caminhos essa questão – a partir de suas extremidades, por assim dizer. Podemos começar com o próprio artista, observando que ele, de uma forma ou de outra, descobriu uma maneira de lidar com fenômenos que fazem jus às suas necessidades pessoais. Podemos examinar a forma de trabalho de sua mente, quando está sendo criativa, e descobrir qual a sua natureza essencial. Depois, podemos chegar a algumas conclusões sobre a natureza da mente criativa. E, em seguida, podemos confrontar as nossas conclusões com as afirmações dogmáticas que a Igreja fez a respeito do Criador, a fim de descobrir se entre as duas há apenas uma diferença de terminologia, e que, entre a mente do criador humano e a Mente do seu Criador, não há uma diferença de essência, mas apenas de qualidade e grau.

Ou, então, podemos partir dos Credos, e perguntar qual o sentido para nós, se é que há algum, dessa sequência extraordinária de formulações sobre a Trindade-na-Unidade; sobre o Eterno Não Criado – Incompreensível que se encarnou em termos de tempo e espaço; sobre a Palavra concebida e o Espírito que daí procede; e sobre a Humanidade Divina ortodoxa, em que se insiste de modo tão contundente e que se mantém em meio ao turbilhão do conflito de heresias mutuamente contraditórias. Podemos dividir as afirmações em partes, e traduzi-las nos termos da analogia artística, somente para descobrir se dali pode surgir uma imagem do artista humano em ação – uma figura exata até o mínimo detalhe, que nos é familiar em todos os pontos que são detalhadamente corroborados pela experiência cotidiana.

Após fazê-lo, podemos reconhecer o quanto parece estranho e inesperado considerarmos isso acidental. Obviamente nada disso é por acaso. É claro que podemos concluir a partir daí que se trata de mais uma instância do antropomorfismo arraigado dos teólogos. Na tentativa de expressar a natureza de um Deus que eles não conheciam em palavras, os Pais da Igreja começaram a examinar o artista que conheciam, e construíram o seu quadro da Divindade a partir do modelo humano. Historicamente fica claro que eles não o fizeram intencionalmente; nada, imagino eu, poderia estar mais longe de suas mentes conscientes do que elevar o Poeta a um Deus. Mas eles podem tê-lo feito de forma inconsciente, procedendo a partir da analogia humana, da forma como pensa a mente humana. Essa teoria é perfeitamente defensável. Mas como adeptos dessa teoria, não podemos, ao mesmo tempo, defender que a doutrina Trinitária, do modo como foi formulada, seja obscura, apriorística e desligada da experiência humana, já que somos levados a supor que a doutrina da Trindade seja uma pura indução, *a posteriori, da* experiência humana.

Por outro lado, podemos concluir a partir daí que a doutrina deriva da experiência puramente religiosa de Deus, conforme foi revelada em Cristo e interpretada por um raciocínio filosófico abstrato sobre a natureza do Absoluto. Nesse caso, porém, não poderemos chamá-la de irracional, por mais complexa e teórica que possa parecer, já que nós dissemos que se trata de um produto da razão. Mas se essa teoria, erigida sobre a razão e a experiência religiosa, se revelar capaz de aplicação prática a uma esfera totalmente diferente da experiência humana, então seremos forçados a concluir também que a experiência religiosa do cristianismo não é um fenômeno isolado; que ela tem, no mínimo, paralelos em qualquer outro lugar do universo.

Assim, quando Isaac Newton observou certa relação e semelhança entre a queda da maçã e o movimento circular dos planetas, é possível dizer com igual plausibilidade que ele desenvolveu uma teoria astronômica por analogia à maçã, ou então que, na sua tentativa de desenvolvimento de uma teoria de matemática astronômica, ele se deu conta de repente de sua aplicação à maçã. Mas seria pouco plausível afirmar, no primeiro caso, que ele tenha suposto que os planetas fossem maçãs de tamanho maior, com sementes dentro e tudo, o que seria absurdo; ou que, no último caso, ele tenha forjado um exercício cerebral puramente abstrato, e mais do que estranho, que se revelou como a verdade sobre as maçãs, embora o movimento dos planetas em si não existisse fora da matemática de Newton. Sendo um homem racional, Newton concluiu que os dois tipos de comportamento eram parecidos – não porque os planetas copiassem as maçãs, ou as maçãs copiassem os planetas, mas porque ambos eram exemplos da atuação de um e mesmo princípio. Se traçássemos uma reta transversal pelo universo físico que cruzasse o ponto "Sistema Solar" e outra que passasse pelo ponto "Maçã", seria possível constatar um paralelismo; e a conclusão natural e apropriada disso é que esse padrão faz parte da estrutura do universo, que perpassa o mundo dos fenômenos visíveis como as linhas que observamos na madeira. De forma similar, podemos traçar uma linha transversal pelo mundo espiritual,[1] que passe pelo ponto "Teologia Cristã", e outra pelo ponto "Arte", e encontrar entre ambas um padrão precisamente idêntico em relação à mente criativa; e estaremos livres para tirar nossas próprias conclusões.

Mas, ao fazermos isso, se concluirmos que a mente criativa é de fato a própria semente do universo espiritual, não podemos interromper arbitrariamente as nossas investigações quando chegarmos àquela pessoa a quem ocorreu trabalhar uma pedra, ou pintar, ou fazer música, ou escrever cartas. Temos de nos perguntar se a estrutura material de todo homem e de toda mulher também não apresenta esse mesmo padrão. E, se esse for o caso, devemos continuar nos perguntando se, ao confinarmos a média dos homens e das mulheres em atividades não criativas e em uma perspectiva não criativa da vida, não estaremos infringindo violência à própria estrutura do seu ser. E mais, se esse for o caso, seria uma constatação muito grave, uma vez que nós já vimos os resultados infelizes que se obtêm ao lidar com qualquer tipo de material de uma forma que vá contra a lei natural de sua estrutura.

---

[1] "Espiritual" não é bem a palavra certa para fazer o contraponto com "material", nem com "vital" ou "mental". Cada uma dessas coisas é limitada demais, enquanto "não material" é puramente negativo. Como diz Reginald Otto Kapp em *Sciences* versus *Materialism*, "precisamos de uma palavra que sugira que a realidade não material possui atributos que faltam à matéria", e precisamos que essa palavra cubra *todo* o campo da realidade não material. A palavra que ele sugere é "*diatético*", que quer dizer "capaz de pôr-se de acordo com uma especificação". Já que essa palavra tão útil ainda não faz parte do uso corrente, temos de contentar-nos com alguma das outras, sugerindo que o que pretendemos dizer com isso é o intencional e ordeiro no lidar com a matéria, ao contrário do comportamento aleatório e caótico da matéria inanimada, quando deixada por conta própria.

Isso nos leva, ao mesmo tempo, à pergunta sobre o que significa solicitar ao ser humano comum que trate a vida de forma criativa. Não estamos lhe pedindo que transforme toda a sua experiência em obras-primas de tinta ou pedra. É a sua própria natureza que exige dele expressar-se através da agricultura, da indústria, da política, das finanças ou da construção de uma sociedade organizada. Se ele for solicitado a ser um "artista" de verdade na vida, a única imagem que isso sugere é a de uma pessoa abastada como Oscar Wilde, recostado ociosamente sobre o sofá contemplando a estética dos lírios do campo. O homem mediano não poderia dar-se a esse luxo. Ele também supõe que o artista tenha o domínio completo sobre a sua matéria-prima. Mas o homem mediano não se sente mestre completo nem de sua própria vida (que é a *sua* matéria-prima). Longe disso. Para o homem mediano a vida se apresenta não como um material maleável na sua mão, mas como uma série de *problemas* de extrema dificuldade, que ele tem de *resolver* com os meios de que dispõe. E ele fica angustiado por constatar que, de quanto mais meios ele dispõe, como uma máquina potente, transporte rápido e amenidades gerais do mundo civilizado, mais os seus problemas crescem em diversidade de facetas e complexidade. Isso é particularmente desconcertante para ele, porque se disse frequentemente que o aumento do conhecimento científico lhe proporcionaria o "controle sobre a natureza" – o que sem dúvida significaria incluir o controle sobre a sua própria vida.

A primeira coisa que talvez ele possa aprender do artista é que o único meio de "controlar" a sua matéria-prima é abandonar toda a concepção de "controle" e cooperar com ela, de forma amorosa: quem quer ser o senhor da vida, deve ser o seu servo. Se ele tentar arrancar a vida da sua natureza verdadeira, ela acabará se vingando pelo seu juízo, do mesmo modo pelo qual a obra se vinga de um artista excessivamente controlador.

Em segundo lugar, as palavras "problema" e "solução" pertencem no seu uso corriqueiro a uma abordagem analítica dos fenômenos, e não à criativa. Embora já se tenha tornado uma frase feita da retórica de palanque, de que só podemos "resolver nossos problemas", lidando com eles "de forma criativa", tais formulações nos levam a crer que ou o emissor não fez nada além de reproduzir um lugar-comum popular, sem refletir sobre o que ele significa, ou que ele não tem a mínima ideia da natureza da criatividade.

Da nossa breve investigação sobre a forma de criar do criador humano, deve ter ficado bastante claro que o criador não parte de um conjunto de dados para proceder como quem tenta solucionar palavras cruzadas ou como um estudante de álgebra elementar, que tenta chegar a um resultado definitivo, previsível, completo e único. O conceito de "problema e sua solução" é tão sem sentido quando aplicado ao ato de criação quanto seria se aplicado ao ato de procriação. Quando combinamos Joãozinho com Maria em um processo procriativo, não estamos produzindo uma "solução" para o problema combinado de Joãozinho e Maria; o que produzimos são Pedro ou Susana, que (além de ser fatores complicadores na vida de seus pais) possuem uma personalidade independente com um conjunto inteiramente novo de problemas. Mesmo se, à maneira da novela sentimental dos anos 1890, permitirmos que o toque das mãos de uma criança seja capaz de desatar alguns nós em que Joãozinho e Maria estavam enroscados, essa "solução" (quer dizer, Pedro ou Susana) não é a única possível, nem a definitiva, previsível ou completa.

Repito: não se pode dizer, em sentido estritamente matemático, ou de um romance policial, que as obras de um poeta sejam a "solução" para a época em que ele viveu. Na verdade, é raro ter total clareza sobre qual desses dois fatores é a consequência do outro. Já foram empreendidos esforços suficientes para descobrir tal coisa, movidos pela impressão de que se trata de um "problema", que aguarda uma "solução" previsível, completa e única. O máximo que se pode dizer é que entre o poeta e sua época há uma conexão íntima de influência mútua, altamente complexa e multifacetada, e cujos efeitos podem ser sentidos no tempo e no espaço.

Não obstante, o homem comum, movido pela obsessão por equações matemáticas e fórmulas científicas de sua época, tem a vaga noção de que aquela figura enigmática, o artista criativo, possui um poder de interpretação que não lhe é próprio; de que ele tem acesso a coisas ocultas por detrás da cortina espantosa de fenômenos que lhe é impenetrável. Às vezes, ele apenas se ressente disso, como os homens muitas vezes se ressentem de uma superioridade inexplicável e incomunicável. Mas, às vezes, ele o menospreza: "Ele não passa de um sonhador. É só ignorá-lo". Em outros momentos, entretanto – especialmente quando as incongruências do presente chamam a atenção de forma tão contundente que não podem ser ignoradas –, ele se volta para o artista, exigindo que ele o inicie em seu segredo. "Ei, você aí", ele há de exclamar, "não é você aquele que conhece todos os truques, as senhas e as fórmulas mágicas que resolvem os quebra-cabeças do universo?

Quero que você as aplique ao nosso caso. Quero que você nos dê a solução para o problema da civilização."

Embora uma atitude dessas seja perdoável, dificilmente poderia ser considerada justa, já que o artista não vê a vida como um problema a ser solucionado, mas como um meio para a sua criação. Pede-se a ele que resolva as ocorrências da vida do homem comum, embora se esteja consciente de que a sua criação não "resolve" nada. O que é passível de resolução é acabado e morto, e o compromisso do artista não é com a morte, mas com a vida: "Para que possamos ter vida e tê-la em abundância". É verdade que o artista pode, a partir de sua própria experiência, dar bons conselhos ao homem comum sobre a realização da natureza humana na vida; mas, se insistirem em lhe fazer a pergunta errada, o tipo de resposta que ele dará será insatisfatório. E, como eu defendi no meu prefácio (quem sabe de forma contundente demais), a incapacidade de fazer a pergunta certa evoluiu de tal forma no nosso tempo e nosso país que chegou a assumir proporções de uma doença endêmica.

O desejo de ser persuadido de que toda experiência humana pode ser apresentada em termos de um problema que tenha uma solução previsível, definitiva, completa e única deve-se, mais recentemente, em grande parte, à popularidade extraordinária da ficção policial. Temos a impressão de que essa é a concepção de vida que desejamos que o artista nos apresente. É significativo o fato de que os leitores apreciem o romance policial, muitas vezes como forma de escapar dos problemas da existência humana. Ele "mantém a sua mente longe de problemas". É claro que isso só acontece porque ele os persuade sutilmente de que o amor e o ódio, o emprego e o desemprego, as políticas financeira e internacional sejam problemas que possam ser tratados e resolvidos da mesma maneira que o "assassinato na biblioteca". A maravilhosa determinação pela qual a cortina se fecha ao final da investigação oculta ao leitor que a parte do "problema" que de fato foi "resolvida" é precisamente *aquela parte que foi apresentada na forma de problema*. O motivo do assassino foi detectado, mas absolutamente nada foi dito sobre a cura de sua alma assassina. Na verdade, uma das necessidades da técnica de escrita é evitar a todo custo que esse aspecto da trama toda se revele à mente do leitor. (Pois, se soubermos demais sobre a alma do assassino previamente, deveremos antecipar a solução e se, depois dessa descoberta, simpatizarmos demais com ele, acabaremos nos ressentindo de seu desmascaramento e condenação. Se tal simpatia não pode ser evitada, o autor estará condenado a deixar o criminoso escapar, ou a providenciar o seu suicídio e, assim, transferir toda a desagradável situação para um tribunal superior, cujas decisões não são divulgadas oficialmente.)

Portanto, já que, como foi explicado, eu estou mais familiarizada com as minhas próprias obras do que com as de outras pessoas, me permito oferecer um exemplo do romance policial *Gaudy Night* [Noite de Baderna]. Ele contém três problemas paralelos, um solucionado, outro parcialmente solucionado e o terceiro, insolúvel. Todos os três estão relacionados ao mesmo tema, que é a "Ideia-Pai" do livro.

A primeira proposição se apresenta em termos puramente problemáticos: "Quem causou a baderna no Colégio Shrewsbury e por quê?". Isso se resolve dentro dos termos nos quais foi colocado, pela resposta previsível, definitiva, completa e única: "A culpada foi a serviçal Annie; e o motivo dela foi vingança pelas medidas tomadas corretamente por uma docente contra o seu marido por uma questão de ética profissional".

O segundo "problema" não é propriamente um problema, trata-se de um dilema humano: "Como é que Peter e Harriet poderão restabelecer o seu relacionamento depois de uma série de erros cometidos de ambos os lados, devido a uma postura errada de um para com o outro?". Nesse caso, a situação é amenizada por um exercício de integridade intelectual estrita de ambos os lados, de tal forma que eles passam a estar em condições de ingressar num novo relacionamento, que por sua vez os põe em situações novas, que abrem a perspectiva de mais erros e mal-entendidos. Essa "solução" não é nem definitiva, nem completa; e, embora seja tão previsível quanto necessária, a julgar pela lei da natureza do livro como estrutura artística, ela não é nenhuma das duas coisas no que se refere à lei da natureza geral.

O terceiro "problema" (se é que podemos chamar assim) é apresentado tanto ao leitor, quanto à docente que tomou a medida judicial contra o marido de Annie, em termos de confrontação de valores: será que a integridade profissional é tão importante que a sua preservação pode ser cumprida à custa das suas consequências emocionais e materiais? Para esse problema moral, não se pode oferecer solução, exceto em termos circunstanciais e de caráter. Apresentam-se argumentos de ambos os lados; mas o julgamento só é pronunciado nos seguintes termos: temos aqui uma e outra vida, esta e aquela normas, esta e aquela pessoas, presas em um conflito que não pode deixar de ser catastrófico. Onde quer que a qualidade da experiência possa ser enriquecida, haverá vida. O único juízo que esse livro pode oferecer é o próprio livro.

A qualidade enriquecedora (e também catastrófica) da Integridade é, assim, a Ideia-Pai do livro, que providencia o mecanismo do problema policial, o catalisador que acelera a instabilidade da situação emocional, sendo ao mesmo tempo um tema que liga o microcosmo do livro ao macrocosmo do universo. Eu me entretive com essa história por motivos bastante egoístas, por causa da crítica feita por um leitor bastante inteligente, que também era escritor de ficção policial. Ele disse: "Como você permitiu que a docente tivesse quaisquer dúvidas de ter agido certo em relação ao marido de Annie? Ela parece achar que poderia estar errada. Será que isso não entra em conflito com toda a sua tese?".

O que se revela aqui é a noção firmemente arraigada de que todas as situações humanas sejam "problemas", como os problemas dos romances policiais, capazes de fornecer uma solução única, necessária e categórica, que deve ser completamente correta, em detrimento de outras, completamente erradas. Mas isso não é possível, já que as situações humanas são sujeitas à lei da natureza humana, cujo mal está sempre imbricado no seu bem, e cujo bem só pode redimir, mas não abolir o seu mal. O bem que emerge do conflito de valores não pode surgir da condenação ou destruição de um conjunto de valores, mas apenas da construção de novos valores, sustentados, como um arco, pela tensão entre os dois valores originais. Não testamos as evidências, por assim dizer, para delas extrair algo que já estava nelas; nós as usamos para construir algo que não estava originalmente lá: nem circuncisão, nem incircuncisão, mas uma nova criatura.

A "nova criatura" do artista não é nenhum juízo moral, mas a sua obra de arte viva. Quando um homem comum pede ajuda ao artista para que lhe forneça juízos morais ou soluções práticas, a única resposta que ele poderia obter, seria algo como: você deve aprender a lidar com situações práticas como eu lido com a matéria-prima para o meu livro: deve tomá-las e usá-las para *criar uma coisa nova*. Como A. D. Lindsay o formula:

> No que diz respeito a meu posicionamento e meus deveres morais [*isto é, meu código moral*], o posicionamento traz consigo o dever, pelo qual

dizemos "sim" ou "não"; "farei isso" ou "não farei isso". Nós escolhemos entre obedecer ou desobedecer a determinado mandamento. Do ponto de vista de uma moral que a encara como desafio ou graça, a situação diz: "Temos aqui uma desordem, uma moléstia gritante, uma necessidade! O que você pode fazer?". Não somos convidados a dizer simplesmente "sim" ou "não"; ou "eu farei isso" ou "não farei isso", mas a sermos inventivos, a criarmos, a descobrirmos algo novo. A diferença entre as pessoas comuns e os santos não é que os santos cumprem plenamente os seus deveres, coisa que as pessoas comuns negligenciam. Mas os santos fazem coisas que jamais sequer passaram pela cabeça das pessoas comuns [...] A atitude "graciosa" é de certa forma parecida com o trabalho do artista. Ele necessita de imaginação e espontaneidade. Não se trata de uma escolha entre alternativas possíveis, mas da criação de algo novo.[2]

Essa distinção entre o artista e o homem que não é um artista se encontra, assim, no fato de que o artista está vivendo em "estado de graça", no que diz respeito à sua vocação. Ele não é necessariamente um artista ao lidar com a sua vida pessoal, mas (já que a matéria-prima de seu trabalho é a própria vida) ele ao menos foi bem longe, a ponto de usar a vida para criar algo novo. Por esse motivo, os sofrimentos e penas desse mundo problemático nunca poderão ser, para ele, *completamente* desprovidos de sentido ou utilidade, como são para o homem que os suporta em silêncio e não é capaz (coisa de que se queixa, com toda a razão) de "fazer nada com eles". Se, portanto, se espera que lidemos com os nossos "problemas" de uma forma "criativa", temos de lidar com eles como o artista: sem esperar "solucioná-los" por um truque de detecção, mas "criando algo" a partir deles, mesmo quando, no limite, eles sejam insolúveis.

Não estou dizendo que seja *impossível* ver toda a atuação humana, mesmo a do artista, em termos de "problema e sua solução". Mas o que estou dizendo é que, por mais que usemos essas palavras, elas são completamente inadequadas para a realidade que pretendem expressar. Poderíamos pensar em Shakespeare se empenhando em resolver o problema de *Hamlet*: isto é, o problema de escrever uma peça que seja financeiramente razoável a partir de uma matéria-prima recalcitrante, que lhe foi legada por dramaturgos anteriores a ele. Ou podemos imaginá-lo resolvendo problemas incidentais

---

[2] A. D. Lindsay, *The Two Moralities*.

de direção da produção – isto é, como arranjar as suas cenas de modo a dar àqueles atores que têm dois papéis tempo para se trocar, sem introduzir "trechos inócuos" no diálogo. Podemos pensar nele resolvendo o problema de caráter de Hamlet: como reconciliar de forma plausível sua demora em vingar o pai com sua rapidez em se livrar de Rosencrantz e Guildenstern. Mas mesmo quando tivermos resolvido todos os problemas de *Hamlet* que intrigam os críticos, não estaremos nem um pouco mais perto de pôr as mãos no que é essencial – a Ideia e a Energia que transformam *Hamlet* em um poder vivo. *Hamlet* é mais do que a soma dos seus problemas. Podemos contemplar a Catedral de São Paulo, em Londres, considerando puramente os problemas solucionados pelo arquiteto – o cálculo da resistência às condições impostas pelo local. Mas não há nada aí que irá nos dizer por que alguns homens estavam dispostos a correr risco de vida para salvar a Catedral da destruição; ou por que a bomba que destruiu o seu teto foi sentida por milhões de pessoas com um aperto no coração.

Todas as realizações humanas *podem até* ser encaradas como problemas resolvidos – particularmente em retrospecto, porque, se o trabalho foi bem realizado, o resultado parecerá inevitável e único. Até parece que *essa* era a única forma "certa", predestinada e inevitável desde o começo. Ela parecerá "certa" no sentido ser a forma que concorda com a Ideia-Pai do criador. Mas não havia nada de inevitável quanto à Ideia em si.

É aqui que começamos a perceber como o uso irresponsável das palavras "problema" e "solução" pode nos induzir a formas de pensamento que não são apenas inadequadas, mas falsas. Ele nos leva a considerar todas as atividades vitais em termos de um *tipo* particular de problema, qual seja, o tipo que associamos à matemática elementar e aos romances policiais. Estes últimos contêm "problemas" que podem, de fato, ser "resolvidos" em um sentido bastante estrito e limitado, e penso que as palavras "problema" e "solução" deveriam ser reservadas somente a esses casos especiais. Aplicadas de forma indiscriminada, porém, elas se transformam rapidamente em um perigo mortal. Elas adulteram a nossa compreensão da vida de maneira tão desastrosa quanto adulteram a nossa compreensão da arte. Gostaria de tornar isso bem claro, a partir de um breve exame da questão.

Há quatro traços do problema matemático ou do policial que estão ausentes do "problema da vida"; mas, pelo fato de estarmos acostumados a encontrá-los reunidos no primeiro tipo de problema, nós os buscamos no outro, tendo uma sensação de frustração e ressentimento quando não o encontramos lá.

1. *O problema do romance policial é sempre solúvel*. Ele é, na verdade, construído com o propósito expresso de ser resolvido, e quando a solução for descoberta, o problema não existirá mais. Um problema de romance policial ou um problema matemático cuja solução não pode ser encontrada *de modo nenhum* simplesmente não seria um "problema" no sentido que o entendemos. Mas seria imprudente de nossa parte supor que todas as experiências humanas apresentam problemas desse tipo. Há aí uma vasta experiência humana que nos confronta de forma tão poderosa que não conseguimos fazer de conta que não a estamos vendo. Não há solução para a morte. Não há absolutamente nenhum meio pelo qual você ou eu pudéssemos solucionar essa dificuldade pelo raciocínio, de tal forma que ela não mais existisse. O homem é tão relutante em admitir qualquer problema para o qual seja incapaz de dar solução, que os alquimistas buscam o elixir da vida desde tempos muito antigos. E, nos tempos mais recentes, notamos as crescentes indignação e exasperação em face da morte. Não temamos tanto a tortura ligada ao ato de morrer, mas nos sentimos afrontados pelo reconhecimento de que algo nesse mundo possa ser inevitável. Nossos esforços não se voltam, como aqueles do santo ou do poeta, para reverter a ideia da morte em algo criativo, mas antes para ver se não há uma forma de evadir, abolir ou "solucionar" de fato o problema da morte. A energia espiritual e mental que gastamos em nos ressentir da morte inevitável é tão devastadora quanto aquela que, de tempos em tempos, gastamos em tentativas de "solução de problemas" como o do movimento uniforme.

Além disso, esse tipo de preocupação irracional nos deixa travados de forma estranha quando lidamos com uma questão tão prática quanto a da possibilidade de guerra. Ela nos leva a achar que o grande mal da guerra é, antes de tudo e em primeiro lugar, o fato de que ela mata uma grande quantidade de pessoas. Se nos concentrarmos nisso, em vez de pensar na devastação que ela promove na vida e na alma dos sobreviventes, acabaremos direcionando todos os nossos esforços em fugir dela a todo custo, em vez de tratar de forma inteligente as condições que causam e são causadas pelas guerras. Foi exatamente isso que fizemos entre os anos de 1919 e 1939.

É claro que não acreditamos realmente que, se houvesse alguma chance de escaparmos da guerra, poderíamos escapar também da morte.

Nós apenas falamos e nos comportamos como se realmente pensássemos assim. A morte entra menos em destaque quando ocorre de forma privativa e isolada. Em tempos de paz, podemos fazer de conta, e quase alcançamos sucesso nisso, que se trata apenas de um acidente lamentável, que poderia ter sido evitado. Agora, se um cavalheiro mais idoso e rico, de 92 anos de idade, cai morto, de repente, de ataque do coração, os jornais apresentam a manchete "Morte Trágica de Milionário" e nos sentimos bastante impressionados e indignados pelo fato de que uma pessoa assim tão rica possa morrer tão precocemente. Com todo o dinheiro disponível para a pesquisa, a ciência já não deveria ter sido capaz de resolver o problema da morte em casos como o dele? Se não pensamos assim, então, por que usaríamos a palavra "trágica" sobre uma morte tão clara, indolor e madura? (Não venham me dizer que a manchete é absurda demais para ser verdadeira: eu a vi com meus próprios olhos.)

Dizíamos que odiávamos a guerra porque ela matava os jovens e fortes antes do tempo. Mas agora nos mostramos igualmente irados ao ver os velhos e debilitados morrerem junto com os outros. Ninguém pode morrer mais de uma vez; mas grandes desastres, grandes pestilências e, acima de tudo, grandes guerras abarrotam nossos olhos e ouvidos com a detestada consciência de que a vida pretende nos matar.

Por isso, não ousaríamos decretar a guerra pelo direito ou pela justiça, ou mesmo pela esperança de preservar a paz. Baixamos nossas armas e gritamos "guerra jamais!", e com isso entregamos a Europa ao inimigo.

Não obstante, sabemos perfeitamente bem que o paradoxo "aqueles que perderem a sua vida irão ganhá-la" é um fato. Se não estivermos dispostos a arriscar a vida pulando de uma casa em chamas, com certeza iremos queimar até a morte. Na verdade, se a vontade da nossa natureza física não estivesse preparada para correr o risco de morte, jamais poderíamos ter nascido.

O "problema da morte" não é suscetível de solução como o de um romance policial. As duas únicas coisas que podemos fazer com a morte são, primeiro, adiá-la, o que é apenas uma solução provisória, e, em segundo lugar, transferir todo o conjunto de valores relacionados à morte para outra esfera de ação – isto é, daquela do tempo para aquela da eternidade.

Isso nos leva a considerar as duas próximas características do problema do romance policial.

2. *O problema do romance policial é completamente solúvel.* Não se admitem detalhes supérfluos ou enigmas não solucionados em parte alguma. A solução resolve tudo e toda pergunta feita acabará respondida. Não somos confrontados com uma série de possibilidades a favor ou contra uma conclusão ou outra; a atribuição da culpa pelo crime ao mordomo também não apresenta ao detetive novas pistas relacionadas ao cozinheiro. Tais incertezas podem até aparecer no desenrolar da história, mas todas elas são expurgadas no final pela descoberta da solução completa. Deveria ser desnecessário ter de dizer que esse resultado feliz procede do simples fato de que o autor teve o cuidado de não fazer perguntas que a sua solução não pudesse responder.

No entanto, a nossa tendência de buscar uma solução do tipo completo que não deixe lacunas ou permita reversos distorce seriamente a nossa visão de uma série de atividades na vida real. A medicina é um bom exemplo disso. Estamos inclinados a pensar na saúde em termos de doenças e curas. Temos aqui, por um lado (o que pensamos ser) determinada doença e, por outro, deveremos ter a sua "cura" única, definitiva e completa. É só aplicar o tratamento da cura à doença que o resultado deverá ser uma "solução" exata do "problema" apresentado. Caso o médico não consiga nomear a doença à primeira vista e imediatamente receitar a cura prescrita, ficamos ressentidos com ele, que parece não entender bem do seu ofício.

De forma semelhante, costumava-se ter a crença arraigada de que para todo veneno existia um "antídoto" – uma droga benevolente, que revertesse com precisão e passo a passo cada um dos efeitos do veneno original, restaurando o corpo ao estado anterior. Creio que haja na verdade apenas duas drogas que se complementem dessa maneira, a atropina e a fisostigmina[3] (acontece que nenhuma delas é assim "benevolente" – ambas são venenos mortais). No caso de outras drogas que são utilizadas como neutralizantes uma da outra, a reversão dos efeitos é apenas parcial ou, antes, uma neutralização de sintomas, mais do que a cura do mal causado aos órgãos. Na maior parte dos casos, a utilidade da droga curativa se resume a evitar ou mitigar os efeitos do veneno até que o corpo esteja em condições de usar seus próprios recursos físicos para se curar. Em alguns casos, só é possível se livrar da doença ao custo de contrair outra, como

---

[3] Dixon Mann, "Antagonism of Poisons". In: *Forensic Medicine*.

no caso do tratamento da sífilis com a malária. Ou o tratamento exigido – vamos supor – para doenças do pulmão, que não pode ser aplicado a determinado paciente porque as condições de saúde de seu coração não lhe permitiriam resistir aos efeitos violentos.

É possível que tenhamos abandonado a crença supersticiosa referente aos antídotos, mas continuamos abraçando a ilusão de que todo problema de saúde seja causado por uma determinada e única doença, para a qual deveria haver uma cura completa, livre das malfadadas contraindicações. Pensamos na nossa doença como numa espécie de palavra cruzada cuja solução deve ser *conhecida por alguém*: a solução definitiva teria de *ser encontrada* em algum lugar. Não seria nada mais do que obrigação do médico descobrir e aplicá-la.

Mas o médico não está aí para resolver palavras cruzadas, está antes executando um ato delicado, cheio de aventura e criatividade experimental, cuja matéria-prima é o corpo do paciente, e que exige a cooperação criativa da vontade do paciente. Ele não está recuperando o estado de saúde do paciente, temporariamente obscurecido, mas o está recriando, ou melhor, está ajudando o paciente a recriá-lo por si mesmo. É claro que se pode encarar isso como um problema; mas não se trata do mesmo tipo de problema apresentado pelo livro de álgebra: "Se os tubos A e B de uma cisterna ficam cheios em 25 e 32 minutos respectivamente..." E não é provável que a resposta a esse problema seja tão precisa ou capaz de atender a todas as condições de maneira satisfatória.

O melhor meio para a saúde e a paz do paciente é mergulhar de forma compreensiva na natureza da tarefa do médico. Agindo assim, ele não apenas estará em melhores condições de cooperar criativamente com ele, mas também a salvo da miséria mental da impaciência e da frustração. Ocorre-nos, enquanto escrevemos isso, um tipo similar de mal-entendido quanto ao "problema do bombardeio noturno". A agonia da nossa impaciência com essas intrusões horríveis tende apenas a crescer se imaginarmos que "a solução" já está em algum lugar e que nada, a não ser a insanidade e a indolência das autoridades, pode impedir que ela seja imediatamente descoberta e aplicada. Nós nos sentiríamos bem melhor nessas circunstâncias, se descartássemos toda essa noção enganosa e passássemos a pensar, em vez disso: "Agora alguém terá de fazer alguma coisa que nunca foi experimentada antes". Não é para os detetives que temos de nos voltar para obter ajuda, mas para os inventores – para os homens de ideias criativas, e com isso estaremos descobrindo a forma segundo a qual o trabalho criativo se realiza.

"Estamos, nesse momento, trabalhando em diferentes invenções", diz algum palestrante assediado. E sua imaginação vê esse "nós" montando as peças da invenção no chão da fábrica, como se ela tivesse sido fornecida em partes por alguma oficina celestial, e só precisasse ser montada de acordo com o manual de instruções e posta para funcionar no mesmo dia. Não é assim que funciona a criação. Temos aí o incerto, o imprevisível e a Ideia que não pode ser comandada, capaz de fazer a sua presença sentida na mente, depois de longas horas de pensamento e trabalho infrutíferos, ou de repente, sem qualquer pensamento consciente, ou depois de um longo período em que se desenvolvia no subconsciente, enquanto a consciência trabalhava em outra coisa. E ela sempre aparece em dia e hora inesperados. Temos aí a luta longa, amarga, desesperada da Energia, que envolve cálculo, planejamento, experimentação, eliminação de erros e resistência ao deslize para a aleatoriedade; a primeira manifestação da Ideia em um modelo forjado por mãos. Temos ainda o labor renovado da Atividade incansável, que testa, se aprimora, desconstrói erros para reconstruir algo mais próximo da Ideia; o novo modelo feito com as mãos e novamente comparado e testado de novo; o labor de uma Atividade multifacetada nas oficinas para multiplicar a imagem da Ideia e continuar a distribuí-la no espaço; a comunicação da Ideia no Poder para o homem que entendeu a invenção e a usa. E, depois de tudo isso, se a Ideia for verdadeira e poderosa, ela conseguirá, enfim, sua manifestação final em Poder, trazendo, por assim dizer, resultados. E mesmo chegando lá, os resultados podem não ser uma "resposta" única e completa ao "problema"; porque esse problema não é como um código, que carrega em si mesmo o material para a sua própria decodificação. É bem provável que não haja uma "resposta" conclusiva para o bombardeio noturno.

Outro tipo de "problema" sem solução definitiva se apresenta quando desejamos desfrutar simultânea e completamente de duas coisas mutuamente incompatíveis, como, por exemplo, a liberdade e a ordem, ou a liberdade e a igualdade. Eu já discuti isso em outro lugar,[4] e só acrescentarei aqui um breve lembrete de que a liberdade individual só é compatível com a ordem social se o indivíduo consente, de forma voluntária, com restrições à sua

---

[4] *Begin Here – A War-Time Essay*, cap. 2.

liberdade pessoal; mas se todo homem fosse livre para desenvolver todos os seus poderes de forma igualitária, sem limites, não poderia haver nenhum tipo de igualdade entre os fracos e os fortes. Esbarramos aqui mais uma vez no dilema desesperador que se apresenta a toda tentativa de estabelecer o Reino de Deus na Terra: "O Bem que se arma com poder será corrompido; e o puro amor sem poder será destruído".[5] "Problemas" assim não podem ser resolvidos matematicamente: não há para eles uma solução única que esteja completamente correta. De duas, uma: ou se assume um compromisso, ou a situação deve ser reconsiderada em outros termos, pois nos termos em que está posto, o problema é insolúvel. Isso nos leva ao nosso terceiro ponto.

3. *O problema do romance policial se resolve nos mesmos termos em que é formulado.* Temos aqui uma das diferenças mais notáveis entre o problema policial e o trabalho da imaginação criativa. O problema de detetive é deliberadamente formulado de uma maneira tal que possa ser resolvido sem sair dos seus termos de referência. Isso é parte da sua natureza como forma literária e a simetria do resultado constitui grande parte de seu charme. Por que será que todo escritor ao se tornar membro iniciante do Detection Club[6] tem de prestar juramento quanto à observância dessa regra totalmente arbitrária?

> Presidente: Você jura que os seus detetives farão as investigações dos crimes a eles apresentados de forma fiel à verdade, usando apenas os truques que você lhes permitir, e que não lançarão mão da Revelação Divina, Intuição Feminina, Mágicas, Ações Desonestas, Coincidências ou Obra de Deus?
>
> Candidato: Eu juro.

Mas a vida não é candidata ao Detection Club. Ela faz uso descarado de todos os auxílios proibidos (inclusive magia e adivinhação), e frequentemente apresenta seus problemas em termos que devem ser alterados se quisermos que o problema seja resolvido.

---

[5] Reinhold Niebuhr, *Beyond Tragedy*.

[6] O Detection Club é um clube de escritores britânicos de mistério, fundado em 1928 por Anthony Berkeley, que tinha como membros Agatha Christie, Dorothy L. Sayers, Freeman Wills Crofts, Hugh Walpole, Ronald Knox, Arthur Morrison, John Rhode, Jessie Rickard, Emma Orczy, R. Austin Freeman, G. D. H. Cole, Margaret Cole, Bentley CE, Henry Wade, e H. C. Bailey. G. K. Chesterton foi o primeiro presidente do clube, que existe até os dias de hoje e é um dos mais antigos clubes de escritores do mundo. (N. T.)

Tomemos, por exemplo, o problema do desemprego. Será que não conseguimos resolvê-lo até agora por causa dos termos nos quais optamos por defini-lo? Nesses termos, o desemprego é tratado como um problema econômico, relacionado a questões como o equilíbrio entre capital e horas de trabalho e salários, entre propriedade e retorno financeiro. Quando abordado por esse ângulo, esse problema nos desconcerta com todo tipo de perguntas confusas e contraditórias, tais como: se os salários devem ser ajustados ao tempo trabalhado, à quantidade e à qualidade do trabalho realizado ou às necessidades do trabalhador. Com isso, deparamo-nos com irrelevâncias e discrepâncias, como se a nossa história de detetive tivesse saído do âmbito dos termos que lhe foram atribuídos. Notamos, ainda, que o "problema do desemprego" nos limita à consideração exclusiva da ocupação, que não nos permite nem ao menos analisar o trabalho em si, se vale a pena ou não realizá-lo, ou se o trabalhador encontra satisfação na realização do trabalho ou apenas se restringe ao fato de estar empregado e receber seu pagamento. Podemos prosseguir nos perguntando se alguém deveria trabalhar, a fim de conseguir dinheiro suficiente para que possa deixar de trabalhar, ou se ele deveria apenas ter o desejo de um pagamento que lhe permita viver de modo a continuar o seu trabalho. No primeiro caso, os ricos serão os bem-aventurados, pois eles são a flor de uma civilização ociosa, mas, no segundo, bendito é o trabalhador que não recebe mais do que um salário mínimo. Quando chegarmos a essa altura do raciocínio, quem sabe comecemos a suspeitar que o "problema do desemprego" não é solúvel nos termos em que o formulamos, e que a pergunta que deveríamos estar fazendo é totalmente diferente de questões relativas a trabalho e dinheiro. Por que, por exemplo, o ator vive o seu trabalho de forma tão entusiasmada, enquanto o operário, embora muitas vezes recebendo um salário melhor, só trabalha com relutância para a sua sobrevivência? Quanto dinheiro o homem necessitaria, além da sua subsistência, para continuar a trabalhar, se o mundo (ou seja, você e eu) admirasse o trabalho mais do que a riqueza? Será que o fato de ele estar empregado compensa totalmente o fato de que seu trabalho seja trivial, desnecessário, positivo ou negativo para a sociedade: por exemplo, a fabricação de ornamentos imbecis e feios, ou a concorrência desleal entre os fabricantes rivais de uma mesma mercadoria? Será que não devemos levar em conta se o trabalho vale a pena ser feito, antes de incentivá-lo por causa do emprego? Para decidir se os homens devem ser empregados por um salário alto para a produção de filmes de cinema decadentes e degradantes ou por um salário mais baixo para a construção de estradas e casas, será que não devemos *sequer* refletir sobre os comparativos de valor e a necessidade de filmes ruins e boas casas? Será que o fato de os jogadores de futebol profissionais receberem a torcida de multidões entusiasmadas que gritam o seu nome, enquanto os trabalhadores braçais não recebem sequer um cumprimento, não tem nada a ver com os salários oferecidos aos jogadores de futebol e aos trabalhadores braçais?

Quando deixarmos de pensar no trabalho e no dinheiro nos termos puramente econômicos que o "problema do desemprego" implica, estaremos em vias de pensar em termos de cidadania criativa, pois estaremos começando a criar algo em nossas mentes: em vez de "resolver um problema" vamos criar uma nova forma de vida.[7]

"De quem, portanto, será ela na Ressurreição? Pois sete a tiveram por mulher." Nesses termos, o problema é insolúvel, mas no Reino dos Céus, termos como esses não se aplicam. Você formulou a pergunta de uma forma muito limitada; a "solução" deverá vir de fora de toda a nossa esfera de referência.

4. *O problema do romance policial tem um término definitivo*. Quando o problema tiver sido resolvido, será o seu fim – como o *serial killer* inglês George Joseph Smith comentou casualmente quanto às noivas que ele afogou no banho: "Quando elas estão mortas, ficam acabadas". O problema do romance policial exige de nós um exercício energético de nossa inteligência, precisamente a fim de que, ao ler a última página, possamos nos sentar e parar de pensar. O problema acabou. O mesmo ocorre com as palavras cruzadas e com o jogo de xadrez. E vale para o problema da construção de um muro por A, B e C. A luta passou, está encerrada e agora podemos legitimamente, se quisermos, parar de trabalhar até amanhã sem dor na consciência. O problema nos faz sentir assim porque é deliberadamente formulado para tanto. Porque nós alcançamos tão pouco neste mundo e de forma tão pouco perfeita, estamos preparados para pagar um bom dinheiro para ter uma sensação de realização vicária. O escritor de romances policiais sabe disso, da mesma forma que os criadores de quebra-cabeças. E o estudante marca o fim de seu dever de casa com uma linha e agradece

---

[7] Ver o *post scriptum* no final deste capítulo.

muito pelo fato de não precisar investigar a história posterior de A, B e C, da maneira tão inquietantemente delineada pelo professor.

Mas a partir daí não se pode medir a semelhança entre os problemas de detecção e os problemas da vida, e sim a dessemelhança. Pois o inverso também é verdadeiro: quando eles estão encerrados, estão mortos.[8] É só refletirmos um pouco sobre os nossos esforços dos últimos vinte anos em resolver o problema da "paz e da segurança", e sobre se, no fundo, não estamos ainda cultivando a ilusão de que seja possível lidar com eles como se fosse um "problema". Nós nos convencemos de que a paz pode realmente ser planejada, alcançada por meio de uma série de decretos, pela criação de uma Liga das Nações ou qualquer outra forma de constituição que "solucione" toda a questão de uma vez por todas. Continuamos a nos iludir que, "quando a guerra terminar", dessa vez teremos descoberto o truque, a fórmula mágica que fixará o sol nos céus, paralisará o curso dos eventos, poupando-nos de maiores esforços. Da vez passada, falhamos em alcançar esse fim – e por quê? Principalmente porque supusemos que ele fosse alcançável. Porque olhamos para a paz e a segurança em termos de um problema a ser resolvido e não de um trabalho a ser realizado.

Porém, o artista não se comporta assim. É possível até que ele termine um livro como se estivesse pondo fim a uma guerra ou que ele forje o resultado de um campeonato de futebol, o que ele pode achar muito bom e algo que o faça merecer tirar o sábado de folga. Mas ele sabe muito bem que essa é apenas uma pausa no trabalho infindável de criação. Ele não concorda com a heresia que confunde a sua Energia com a sua Ideia, e o descanso breve do Filho no sábado com os sábados perpétuos da Trindade no Céu.

---

[8] [A teoria utópica] defende que a inocência perfeita e uma nova infância se situam no final do processo social. Ela se acha capaz de criar uma sociedade na qual todas as tensões sejam resolvidas e a raiz da anarquia humana seja definitivamente eliminada. Se isso fosse realmente possível, a sua nova sociedade não seria o começo da história, como carinhosamente imagina, mas o seu fim [...] O problema do bem e do mal não pode ser completamente resolvido na história. Reinhold Niebuhr, *Beyond Tragedy: Essays on the Christian Interpretation of History*. Charles Scribner's Sons, 1937.
A "queda" aleatória da matéria inanimada contribui para produzir estados de estabilidade crescente, e pode-se esperar alcançar um estado final em que a estabilidade seja definitiva e nenhum desenvolvimento maior seja possível. Quando, na presença de vida, a matéria é disposta em uma estrutura ordenada, então ela só se mantém ali em um estado de instabilidade e tensão. Assim, no universo como o conhecemos, a vontade de estabilidade coincide com o desejo de morrer.

Pois a coisa que ele criou é viva, e não estéril. Ele gera continuamente novos temas, novas fantasias e novas oportunidades de pensamento e ação. Cada capítulo concluído não passa de um fim de dia no curso do livro, cada livro é celebrado como um final de ano no decurso da peregrinação da vida. Ou, para quem gosta mais dessa metáfora, trata-se de um trecho "calmo" recortado e separado do filme eterno, que roda na sua mente criativa. Trata-se apenas de um recorte, mas que só o que faz é remeter à cena anterior e posterior, como parte de todo um processo em evolução.

O artista sabe disso, embora esse conhecimento nem sempre seja o primeiro disponível à sua consciência. No final do dia ou no fim do ano ele pode dizer a si mesmo: o trabalho está acabado. Mas ele sabe em seu coração que não é assim, e que a paixão por criar vai cativá-lo novamente no dia seguinte e levá-lo a construir um mundo novo. E embora ele possa imaginar momentaneamente que este mundo novo não tenha nada a ver com o mundo que ele acabou de completar, olhando para trás para toda a sequência de suas criações, ele vai perceber que cada uma foi, de alguma maneira, resultado e cumprimento da anterior, e que todos os seus mundos pertencem àquele universo que é a imagem de sua própria Ideia. Eu sei que não é por acaso que o livro *Noite de Baderna*, quando chega ao fim de um longo desenvolvimento no romance policial, pode ser visto como uma manifestação precisa do mesmo tema que a peça *The Zeal of Thy House* [O Zelo da Tua Casa], que o seguiu e que foi a primeira de uma série de obras que tematizam a teologia cristã. Elas são variações de um mesmo hino ao Criador-Mor, e agora, depois de quase vinte anos, posso ouvir no *Whose Body* [De Quem é o Corpo?], que se seguiu a esse, as notas de uma melodia que soa inegavelmente muito diferente. E, se eu me remeter ainda mais para trás, poderei ouvi-la novamente na sequência de estrofes dos *Catholic Tales and Christian Songs*:

> Eu crio as maravilhosas vigas entalhadas
> De cedro e de carvalho
> Para construir a casa dos sonhos do Rei Salomão
> Com alguns golpes de martelo,
> E os grandes e dourados querubins alados.
>
> Em meu coração só tenho pensado nisto:
> Como será brilhante a minha morada,

quando tudo estiver acabado; Minha alegria é
ver cada flor perfeita
curvar-se diante do beijo da ferramenta dura.
Como poderei terminar a obra planejada?
Tantos são os nós na madeira!
Com membros trêmulos eu me inclino e assim fico,
meu suor escorre feito sangue –
Meti o cinzel através da minha mão.[9]

Eu já não escreveria dessa forma hoje, pelo menos, espero que já seja capaz de evitar a morada brilhante, os membros trêmulos e o ponto de exclamação na última estrofe. Mas o final está claramente contido lá no começo. Não seria muito exato dizer que a roda tenha dado uma volta completa, ou ainda usando a imagem que os pesquisadores fizeram do tempo, que a espiral tenha voltado mais uma vez ao seu ponto de partida. A Ideia esteve, desde o princípio, contida em todos os cantos do universo, gerando as suas manifestações eternamente. Não existe momento algum capaz de concluir ou compreender a Ideia. O problema nunca é resolvido de tal modo que esteja acabado, mas toda vez que ele reaparece, uma coisa nova se cria e é assinada com a fórmula "QEF" – *quod erat faciendum*.

O desejo de resolver um problema vivo com uma solução definitiva e estéril não é nada mais do que natural: ele faz parte do seu desejo material pela morte. Ele se instala nos ossos dos representantes mais esclarecidos e "progressistas" da humanidade, eles o odeiam quando o reconhecem nos outros, não percebendo que o que lhes parece ser um estranho detestável é, na verdade, o reflexo do seu próprio rosto em um espelho.

Quem faz fortes críticas àqueles que buscam "manter o *status quo*" ou se apegam a uma "tradição antiquada", *só* poderá justificar a sua conduta se ele mesmo não tiver seu olhar fixo em nenhuma realização futura. Mas se ele pensa consigo que todo problema será resolvido "depois da guerra"; ou "depois da revolução"; ou "depois da unificação da Europa"; ou "depois do triunfo do proletariado", então ele não será em nada melhor do que aquele. E estará iludindo terrivelmente a si mesmo e aos outros, sendo como um cego guiando outro cego em um beco sem saída. Na verdade, ao dizer ou pensar qualquer coisa desse tipo, ele estará

---

[9] *Catholic Tales and Christian Songs*. Oxford, Blackwell Publishing, 1918.

estabelecendo precisamente aquelas condições que tornam impossível qualquer passo rumo à realização.

Quando examinamos essas quatro características do problema do romance policial, começamos a perceber por que é tão fácil olhar para todos os fenômenos da vida em termos de "problema e sua solução", e também por que a "solução" é tão pouco satisfatória, mesmo quando achamos que a alcançamos. Pois para nos convencermos de que podemos "resolver" as questões da vida, só o que temos a fazer é defini-las em termos que admitem solução. Se não fizermos isso, não apenas a solução, mas o problema em si não será inteligível. Tomemos, por exemplo, uma rosa. Como devemos proceder para resolver a rosa? Você pode cultivar rosas, cheirar seu aroma, colecionar as suas pétalas e usá-las, transformá-las em perfume, pintá-las ou escrever uma poesia sobre elas, atividades essas que são todas criativas. Mas será que com isso você poderia "resolver" o caso das rosas? Será que essa pergunta tem sentido? Só se antes você definir a rosa em termos que pressupõem a resposta. Você poderia dizer: se considerarmos a rosa como um conjunto de determinados componentes químicos, então a fórmula química da rosa seria tal. Ou você poderia dizer: se a rosa é considerada geometricamente como um sistema complexo de superfícies planas, então a fórmula para *essa* rosa é essa ou aquela. Ou você poderia dizer: se considerarmos a rosa como um exemplo da hereditariedade mendeliana de variações de cor, então podemos determinar o método de cultivo de rosas azuis. Mas nenhuma dessas respostas vai resolver o caso da rosa, e se a primeira é completa e final para o químico, ela continua a ser totalmente inadequada para a mulher que coloca as rosas em um vaso; e se a segunda pode proporcionar alguma ajuda para o pintor, deixa o jardineiro insatisfeito; enquanto a terceira, provavelmente, não é detectável, e, mesmo se fosse, não ajudaria em nada o fabricante de perfumes. No entanto, o perfumista, o jardineiro, o pintor e a mulher que se ocuparem com a rosa em si e não com a sua solução podem apresentar ao mundo novas manifestações da rosa, e assim fazendo, comunicá-las uns aos outros de maneira poderosa.

O perigo de falar sobre a vida exclusivamente em termos de problemas e suas soluções é, portanto, o de cairmos na tentação de ignorar as limitações desse jogo de detetive e a própria existência da regra arbitrária inicial que o torna possível. Pois a regra é a da exclusão de todos os termos do problema que a solução não pode resolver. É divertido e útil saber que, para o químico, o homem é composto de um punhado de sal, açúcar, ferro e não sei mais o quê, junto com uma absurda quantidade de água, e que nada disso tem grande valor. Mas não podemos afirmar que "o homem não é, na verdade, nada mais" do que essas coisas, ou supor que a solução desses compostos baratos em água produza uma solução completa e definitiva para o homem. Isso significaria deixar de lado o detalhe "para o químico". Esse detalhe reduz a nossa afirmação a uma forma mais limitada: "Se considerarmos o homem como nada além de um produto químico, então a sua fórmula química é tal" – e essa seria uma afirmação muito diferente. De modo semelhante, a brincadeira popular de expor os grandes e famosos ao ridículo geralmente pressupõe a exclusão de sua grandeza insolúvel dos termos do problema, e a apresentação de uma solução aquosa para o que restou; mas esta, por definição, não é uma solução nem para o homem nem para a sua grandeza.

O matemático Kronecker disse: "Deus fez os números inteiros, todo o resto é obra do homem". O homem é capaz de tabelar os números inteiros e organizá-los em problemas que ele seja capaz de resolver, nos termos em que estão colocados. Mas diante do mistério insondável dos próprios numerais ele é impotente, se não aplicar a si mesmo a Tri-Unidade, que é feita à imagem de Deus e que permite que ele inclua e crie numerais.

Essa é a vocação da mente criativa do homem. Portanto, a mente que se aplica ao ato de criação não trata da solução de problemas, dentro dos limites impostos pelas condições em que estão colocados, mas da formação de uma síntese que inclua toda a dialética da situação em uma manifestação de poder. Em outras palavras, o artista criativo não trabalha com a resolução de silogismos, mas com uma afirmação universal que constitui a sua premissa principal. É por isso que ele sempre é uma influência perturbadora, pois todos os argumentos lógicos dependem da aceitação da premissa maior, e esta, por sua natureza, não é suscetível de prova lógica. A mão do artista criativo, que parte da premissa maior, abala os fundamentos do mundo, e ele só pode aceitar meter-se nessa profissão perigosa porque a sua morada não está no mundo, mas nos céus eternos.

O conhecimento que o artista tem de sua própria natureza criativa é muitas vezes inconsciente, ele percorre o caminho misterioso da vida numa inocência rara. Se ele conscientemente tivesse de arrancar o coração do seu mistério, poderia dizer algo como:

"Descubro dentro em mim certo arquétipo, que reconheço como sendo a lei de minha verdadeira natureza. Ele corresponde à minha experiência de forma tal que, enquanto o meu comportamento estiver de acordo com esse arquétipo, eu estarei em condições de interpretar a experiência no poder do meu espírito. Descubro esse mesmo arquétipo também no meu trabalho, da mesma forma que em mim mesmo, e eu também acho que os teólogos atribuem a Deus justamente esse arquétipo do ser, que eu encontro no meu trabalho e em mim.

Portanto, estou inclinado a crer que esse arquétipo corresponde diretamente à própria estrutura viva do universo, e que ele existe nos outros, tanto quanto em mim, e eu concluo que, se os outros se sentem impotentes no universo e em desacordo com ele, é porque o arquétipo de suas vidas e obras foi distorcido e já não corresponde ao arquétipo universal, porque, em poucas palavras, ele viola a lei da sua natureza.

Essa crença pode ser confirmada pelo fato de que, enquanto estou em conformidade com o arquétipo da sociedade humana, válido hoje em dia, sinto-me impotente e em desacordo com o universo, ao passo que, se estiver em conformidade com o arquétipo de minha verdadeira natureza, estarei em desacordo com a sociedade humana, e ela comigo. Se é certo eu pensar que a sociedade humana está em desarmonia com a lei da sua própria natureza, então a minha experiência confirma o que os teólogos dizem, que também perceberam essa erradicação fundamental no homem.

Se me perguntarem que arquétipo é esse que eu reconheço como a verdadeira lei da minha natureza, só o que posso fazer é sugerir que se trata do arquétipo da mente criativa – uma Ideia eterna, que está manifestada na forma material de uma Energia incansável, e uma torrente de Poder que inspira, que julga e que comunica o trabalho de uma só vez. Todas essas três coisas são uma e a mesma coisa na mente e uma só e a mesma no trabalho. E este é, conforme posso observar, o arquétipo estabelecido pelos teólogos como o arquétipo do ser de Deus".

Se tudo isso for verdade, então a mente do criador e a Mente do Criador se formam com base no mesmo arquétipo, e todas as suas obras são feitas à sua própria imagem.

É pouco provável que, se você questionar o primeiro artista que vir passar na rua, ele se explique nesses termos. Ele não está mais acostumado do que o resto de nós a buscar qualquer conexão entre a teologia e a experiência. Tampouco os teólogos de hoje se esforçam por expor a sua doutrina em termos de uma analogia com o criador humano. Eles são até capazes de usar o símbolo do "Pai" para ilustrar a semelhança e a familiaridade entre Deus e os Seus filhos. Mas o símbolo do "Criador" é utilizado, se possível, para ilustrar o abismo entre Deus e Suas criaturas. No entanto, como diz Berdiaev: "A imagem do artista e do poeta se imprime de forma mais clara nas suas obras do que nos seus filhos". Especialmente quando se trata da divina Trindade, a ênfase é sempre posta sobre o mistério e a unicidade da estrutura, como se fosse uma espécie de blasfêmia reconhecer com Agostinho que esta seja uma coisa ao menos familiar e intimista para o homem, como lhe são familiares os botões de sua camisa.

A separação desastrosa e crescente entre a Igreja e as artes, por um lado, e entre o Estado e as artes, por outro, faz o homem comum ter a impressão de que o artista é um ser de pouca importância, quer neste mundo, quer no próximo, e isso teve um efeito ruim sobre o artista, uma vez que o deixou em um curioso isolamento espiritual. No entanto, apesar de todos os seus defeitos, ele continua a ser a pessoa mais capaz de lançar alguma luz sobre essa "atitude criativa para com a vida" para a qual os formadores de opinião desnorteados de hoje, ainda que tardiamente, convocam a humanidade não menos desnorteada.

Ao contrário do que se poderia supor, a mente criativa é prática e não está distante daquela do homem comum. A noção de que o artista seja uma criatura vaga, sonhadora, que vive reclusa dos fatos da vida, é falsa. Suspeito que ela seja promovida por aqueles cujo interesse é manter a máquina administrativa em funcionamento, independentemente do produto final. Quando um artista vai parar em um departamento do Estado, o funcionalismo fica horrorizado, e não gosta nada do seu realismo implacável, que vai direto ao essencial. A mão sacrílega do artista repousa sobre a premissa maior e primordial, e por isso ele é crucificado pelos tiranos e silenciosamente sufocado pela burocracia.[10] Mas o artista está mais perto do homem

---

[10] "Na Inglaterra [em 1939], o Ministério das Relações Exteriores partilhava de todo o coração da opinião geral de Whitehall, de que a guerra era dos funcionários públicos, fora feita pelos funcionários públicos e para os funcionários públicos. No conflito anterior [1914-1918], muitas pessoas de fora – meros intelectuais e jornalistas – tinham sido introduzidas na máquina administrativa. Sem dúvida, elas haviam contribuído significativamente para a vitória na guerra, elas também eram vistas como um estorvo devido às suas ideias pouco convencionais. Era preciso fazer com que tal coisa não se repetisse e, como

comum do que uma pessoa que tenha qualquer outra vocação, pois sua vocação é precisamente a de expressar a maior essência básica comum da humanidade: a imagem do Criador, que distingue o homem dos animais. O homem comum só consegue desfrutar da divindade de sua humanidade em virtude e pela justiça de sua criação.

> A sabedoria do escriba se adquire em horas de lazer,
> e quem está livre de afazeres torna-se sábio.
> Como se tornará sábio o que maneja o arado,
> aquele cuja glória consiste em brandir o aguilhão,
> o que guia os bois e o que não abandona o trabalho
> e cuja conversa é só sobre gado?
> O seu coração está ocupado com os sulcos que traça;
> as suas vigílias com a forragem das bezerras.
> Igualmente todo carpinteiro e construtor,
> qualquer que trabalhe dia e noite,
> aqueles que fazem os entalhes dos selos,
> sua tenacidade está em variar o desenho;
> têm em mente reproduzir o modelo,
> a sua preocupação está em concluir o trabalho.
> Igualmente o ferreiro sentado à bigorna:
> ele observa a fadiga do ferro;
> a chama de fogo cresta-lhe a carne,
> debate-se ao calor da forja;
> o barulho do martelo o ensurdece,
> seus olhos estão fixos no modelo do utensílio;
> aplica o seu coração em rematar o trabalho,
> suas vigílias em trabalhá-lo com perfeição.
> Igualmente o oleiro sentado ao seu trabalho,
> o que gira o torno com os pés,
> dedica total cuidado à sua obra,
> todos os seus gestos são contados;
> com o braço amolda a argila,
> com os pés a compele,

---

vimos, o 'comércio fechado' tornou-se a ordem do dia. Esse disparate inicial foi apenas o estopim de todos os erros subsequentes, e estes, por sua vez, contribuíram significativamente para os desastres ocorridos na primavera e no verão seguintes." Sir Charles Petrie, *Twenty Years' Armistice and After*.

aplica o seu coração em terminar o envernizamento
e as suas vigílias em limpar a fornalha.
Todos esses depositam confiança em suas mãos
e cada um é hábil na sua profissão.
Sem eles nenhuma cidade seria construída,
não se poderia nem instalar-se nem viajar.
Mas eles não se encontram no conselho do povo
e na assembleia não sobressaem.
Não sentam na cadeira do juiz
e não meditam na lei.
Não brilham nem pela cultura nem pelo julgamento,
não se encontram entre os criadores de máximas.
Mas asseguram uma criação eterna,
e sua oração tem por objeto os problemas de sua profissão.[11]

---

[11] Eclesiástico 38,24-34.

POST SCRIPTUM

O VALOR DO TRABALHO

Vamos nos entreter a seguir com a questão de como o valor do trabalho afeta os "problemas" inter-relacionados da industrialização e do desemprego. Os socialistas observaram, com toda a razão, que:

> Uma nação industrializada é uma nação unitária. Pois cada parte dela perde a sua independência econômica anterior e sua virtual autossuficiência. Ao mesmo tempo, se não quisermos que o desemprego se torne endêmico, será necessário que as novas forças de produção sejam totalmente ocupadas. Isso será impossível se os produtos não forem doados.[1]

Eles viram também que, se o "problema" não for "resolvido" pela destruição indiscriminada desses produtos numa guerra, ele só poderia ser resolvido,

> [...] distribuindo-os entre os próprios cidadãos, de acordo com a necessidade e não de acordo com a demanda de moeda, e pela verdadeira troca (que não deve ser confundida com a venda com lucro), o excedente nacional contra o excedente de outras nações.[2]

Até aí, tudo bem; a outra conclusão a obter nessa nova ordem da economia social exige um amor ao próximo verdadeiramente cristão; da mesma maneira, ela também exige um amor não menos cristão ao trabalho e a um trabalho amável para a alma cristã.

O lucro, e na verdade toda remuneração que vai além da subsistência que capacite o ser humano a continuar trabalhando, é desejável, pois oferece um escape do trabalho para atividades mais condizentes e mais amplamente reconhecidas. Enquanto as funções relativas à manutenção de máquinas continuarem odiosas, as pessoas não as servirão com amor; de modo que,

---

[1] Middleton Murry, *The Betrayal of Christ by the Churches*.
[2] Ibidem.

se a esperança de escapar deixar de oferecer um incentivo para o trabalho, as máquinas vão parar e retornaremos às condições anteriores, pela dialética inevitável de sua natureza. O amor cristão pela humanidade também não pode ser incentivado pela multiplicação de produtos, cujo efeito sobre a mente humana é degenerador e perverso.[3] Não podemos lidar com a industrialização ou o desemprego sem elevar o trabalho para fora da esfera econômica, política e social e considerá-lo também em termos de valor da obra e do amor ao trabalho, que são em si sacramentos e manifestações da energia criativa no homem.

A postura do artista diante dessa questão é esclarecedora. É certo que ele, como todo mundo, reivindica uma remuneração para o seu trabalho (embora não se trate, estritamente falando, do lucro no sentido financeiro da palavra, uma vez que o que ele investe em seu trabalho não é dinheiro, mas tempo e habilidades, cujos rendimentos não podem ser calculados em números). A remuneração, muitas vezes, vai além do montante necessário para permitir que continue a trabalhar. O que é digno de nota sobre ele, porém, são as formas que geralmente encontra para escapar do trabalho, o qual lhe deu a remuneração extra. Se ele for um artista de verdade, você vai encontrá-lo usando meios de fuga do trabalho, a fim de realizar o que ele chama de "meu trabalho real" e, em noventa por cento dos casos, esse trabalho é *o mesmo trabalho* (ou seja, o exercício de sua arte) *que ele realiza por dinheiro*. O encanto peculiar de sua fuga é que ela o livra não do trabalho, mas do dinheiro. Suas férias são "férias dos Busman".[4]

O que o distingue aqui do homem que trabalha para viver é, penso eu, seu desejo de ver o trabalho realizado. Não sei dizer se é possível para um torneiro mecânico sentir-se criativo em relação ao seu trabalho de rotina, mas suspeito que seja, desde que o trabalhador deseje ansiosamente, e acima de tudo, que o trabalho seja realizado. O que mais poderia motivar o trabalhador da indústria bélica a realizar o seu serviço com paixão, quando ele sabe que a existência de seu país está ameaçada, senão o seu coração viajar ao longo da esteira sem-fim, cheia de peças daquela máquina, e

---

[3] É por isso que o estado socialista totalmente industrializado tem de recorrer ao trabalho forçado para manter as máquinas trabalhando.

[4] Referência da autora à obra, de sua autoria, *The Busman's Honeymoon*. London, Gollancz, 1937. Nela, o casal de detetives acaba resolvendo um mistério, ou seja, trabalhando, em plena lua de mel. (N. T.)

contemplar na sua imaginação a realização do trabalho em termos não de dinheiro, mas da própria arma em ação, com todo o amor e medo que ela possa provocar? O autor do *Eclesiastes* diz: "A sua preocupação está em concluir o trabalho". Ele vê o produto final da sua labuta ao menos uma vez exatamente como o artista o vê sempre: numa visão da Ideia, da Energia e do Poder. É lamentável que tão pouco esforço seja feito pela Igreja ou pelo Governo para exibir produtos da paz, com a mesma efusão. Será que, por exemplo, o homem que está envolvido na produção em massa de vasos sanitários se sente motivado ao relacionar a sua monótona labuta diária à visão esplêndida de um mundo cada vez mais higiênico? Eu duvido; mas há mais mérito no encanamento sanitário, se pensarmos bem, do que há na guerra. Se o homem comum fosse realmente adotar essa postura nobre e cristã, valorizando o seu trabalho e as necessidades do seu próximo, será que não existiriam por aí alguns produtos que ele se recusaria a todo custo a produzir? Eu acho que sim, e que muitas máquinas iriam parar, a menos que a arte do engano propagandista fosse ainda mais longe do que vai hoje. E de onde viria a propaganda, se não do interesse pelo lucro? Talvez muitos governos fossem obrigados a especializar-se na exportação de farrapos, por não terem produtos mais úteis que pudessem ser trocados por gêneros de necessidade. E se ninguém aceitasse os farrapos? Nesse caso, um número muito grande de máquinas viraria sucata, e o "problema" da industrialização assumiria um aspecto diferente, porque, nesse caso, qualquer pessoa do mundo teria de tornar-se uma espécie de artista.

Trata-se de um fato amplamente reconhecido que a atitude que o artista tem em relação ao seu trabalho é bastante estranha à média das pessoas ou do homem de negócios e universalmente explorado. Por exemplo: em tempos de crise nacional e de rigor econômico, muitas vezes o editor solicita a seu escritor que aceite direitos autorais reduzidos no seu próximo livro (sobretudo se a sua "mensagem" é considerada de valor para a nação), devido ao "aumento no custo de impressão". Supõe-se que a ansiedade do autor de ver seu trabalho publicado seja tão grande que ele prefira restringir o seu ganho a um salário de fome a privar o mundo do fruto do seu trabalho. Mas nunca se sugere ao editor que ele mesmo tenha o seu salário reduzido por causa do valor educativo do livro que ele está publicando. Pelo contrário: seu salário é aumentado, às expensas do escritor, embora o aumento do custo de vida afete a ambos igualmente. Todo mundo assume isso como natural. Seria irracional supor que isso se dê porque o trabalho do editor é mais valioso para a comunidade do que o do escritor, pois, se todos os escritores parassem de escrever, os editores não teriam o que publicar, e sua habilidade se tornaria automaticamente desvalorizada. A verdadeira razão é que o escritor é conhecido por viver um conjunto de valores que não são puramente econômicos: ele tem em vista a realização do trabalho. Como a média das pessoas e o homem de negócios, ele exige o pagamento pelo seu trabalho e muitas vezes é bastante rígido nas suas exigências, mas como artista, ele mantém a imagem de Deus de tal forma dentro de si que ama a criação por si mesma.

À semelhança disso, o conceito de propriedade tem dois significados para o artista. Quando ele diz: "Este é o meu chapéu, a minha casa, o meu automóvel", ele quer dizer apenas que possui essas coisas, mas quando ele diz, "este é o meu livro", ele quer dizer que o escreveu, não importa quem esteja detendo os seus frutos agora. Os comunistas fazem muito barulho para defender que o trabalhador deve possuir as ferramentas de seu trabalho, mas poucas pessoas da era das máquinas consideram muito importante sentir-se donas do seu trabalho acabado. No entanto, isso é o que dá ao homem o prazer em seu trabalho. É verdade que nem todo homem, nem mesmo todo artista, pode dizer de uma obra: "Essa obra é minha, desde a sua primeira concepção na mente até o último detalhe feito artesanalmente". O escritor de romances pode dizer isso, se deixar de lado o trabalho de impressão e encadernação; o criador de uma joia pode dizer isso, se desconsiderar o trabalho do minerador; mas o escritor de peças de teatro não pode dizer isso; nem o ator; muito menos o pedreiro que esculpe as colunas de uma grande catedral, mas todos eles podem dizer isso, em certa medida, ao contemplarem a obra completa. "O anel é meu, embora eu não possa usá-lo", "a Catedral é nossa, embora não a possuamos mais do que o mais humilde de todos aqueles que nela rezam". Mas o que dizer da mão do operário que aperta porcas sem parar? Até que ponto ele sente que o longínquo produto final de sua tarefa seja "seu"? E se ele o faz, em que medida essa contemplação poderia fazer bem à sua alma?

O "problema" do desemprego não admite solução simples. Como alguém observou com toda a razão, "não há desemprego na prisão de Dartmoor", lá também não existe nenhum "problema" ligado à segurança, aos meios de subsistência ou a uma indústria mais mecanizada. No que diz respeito à dureza da condição e à falta de liberdade há pouca diferença entre Dartmoor e um mosteiro trapista, e o espectador pode facilmente supor que, em ambos os casos, o "problema do trabalho" tenha sido "resolvido" de igual forma. "A pobreza, a obediência e a castidade" são as regras de vida em ambos, e o condenado parece ter a vantagem, já que ele tem mais esperança de retornar ao mundo algum dia, ao contrário do monge, e enquanto isso goza de muito mais liberdade de expressão. Mas, ainda assim, há uma diferença entre empregados e empregados; entre segurados e segurados; entre prisioneiros e prisioneiros, que é grande demais para figurar nas estatísticas do Ministério do Trabalho.

O mesmo vale para trabalhador e trabalhador, para aqueles não segurados de uma maneira ou de outra. Ninguém é mais inseguro do que o artista criativo: ao dedicar-se ao seu trabalho, ele toma a sua vida nas próprias mãos. Quando um escritor perde sua saúde ou seu cliente, ele não pode procurar um seguro nacional para ajudá-lo; o valor em dinheiro de sua mercadoria está sujeito a todos os ventos e caprichos da imaginação do seu público; se seu "negócio" estiver lento ou mal, ele não tem um sindicato para garantir que receba o mesmo salário dos melhores trabalhadores, nem se seu editor de repente decide deixá-lo de lado ele pode processá-lo por demissão sem justa causa. Ele é tratado com injustiça atroz pela Receita Federal: é possível que ele passe seis anos escrevendo um livro e, ao final do prazo, receba um pagamento que representa um adiantamento dos próximos dois anos de vendas, montante que corresponde a oito anos de rendimentos e é tributado, de modo geral, como se fosse referente a um só ano. Aliás, ele é tratado pelo Estado como se fosse um inimigo e um parasita. Azar o dele, se não tem um sindicato próprio. É, mas o sindicato é intolerável aos seus olhos, porque poderia impedi-lo de trabalhar tão rápido e tão bem e tantas horas por dia quanto seja capaz. O sindicato é concebido sob a perspectiva do emprego e não em termos de obras realizadas, de modo que a adesão do artista nunca poderá ser de coração.

É claro que não é só o artista que vive perigosamente assim, por levar em consideração a integridade de sua obra. "Não são poucos os bons agricultores", diz Visconde Leamington, "que prefeririam falir por causa da terra a render-se a uma má administração".[5] Sempre que encontramos

---

[5] Artigo do *Sunday Times*, de 1º de dezembro de 1940.

uma atitude assim, estamos diante do estilo de vida do artista. No entanto, a integridade da obra – a condição de que o trabalho valha a pena ser feito e deva ser bem feito –, raramente aparece em algum plano diretor para uma sociedade ordenada, seja ele emitido pelo Trabalho seja pelo Capital.[6]

Se alguém insistir na integridade do trabalho, ele é normalmente confrontado pelo argumento plausível de que todas as obras dos homens são subordinadas às necessidades da humanidade, e que a devoção do artista à obra é a devoção a uma espécie de luxo, uma abstração que só merece consideração depois que as necessidades humanas foram satisfeitas. Mas se, como penso, a atividade de criação for uma necessidade humana primária, então a resposta ao argumento se apresenta por si mesma. Mas, afinal de contas, o que é uma necessidade humana? Ela não é necessariamente a mesma coisa que a demanda pública. Se a única meta do trabalhador fosse a assistência social, a bondade universal (que é o que a maioria das pessoas quer dizer com o amor ao próximo) e a satisfação da opinião pública, então o trabalho se corromperia cada vez mais – a não ser que a demanda pública coincida perfeitamente com a necessidade humana de uma perfeição divina na obra. Mas essa discussão será como andar em círculos, já que essa coincidência não pode acontecer, enquanto nem todas as pessoas se fizerem artistas a ponto de desejarem a integridade da obra.

Aqui nos deparamos com um abismo entre o amor e a benevolência.

> Existe bondade no amor. [...] Mas amor e bondade não são a mesma coisa, e quando a bondade [...] é separada dos demais elementos do Amor, ela assume certa indiferença fundamental em relação ao seu objeto, e até mesmo algo como desprezo por ele [...]. A bondade sozinha não se importa se seu objeto se torna bom ou ruim, desde que escape do sofrimento [...]. Para as pessoas com as quais não nos importamos nada, exigimos felicidade de todo jeito: para os nossos amigos, nossos amantes, nossos filhos, somos exigentes e preferimos vê-los sofrer a serem felizes em condições desprezíveis e que causem estranhamento.[7]

---

[6] No entanto, está mais do que certo acrescentar que os líderes das Igrejas na Grã-Bretanha, em seu Manifesto de 21 de dezembro de 1940, distinguiram-se por incorporar entre seus aditamentos aos "Cinco Pontos" do Papa o pronunciamento a seguir: "O sentido de uma vocação divina deve ser restaurado para o trabalho diário do homem". Ele foi publicado como uma das "cinco normas pelas quais as situações econômicas e as propostas podem ser testadas". Os signatários desse Manifesto são o arcebispo católico romano de Westminster, os arcebispos de Canterbury e York, e o moderador do Conselho das Igrejas Livres.

[7] C. S. Lewis, *The Problem of Pain*. London, Geoffrey Bless, 1942.

O lado mais austero do amor, que está, como vimos,[8] fortemente presente na atitude do artista para com seu trabalho, está igualmente presente na atitude dos verdadeiros amigos da humanidade. É a visão curta e sórdida da vida que prejudicará o trabalho na esperança benevolente de satisfazer a opinião pública, pois a semente da corrupção introduzida no trabalho vai se enraizar em quem a recebe, e, no devido tempo, trará o seu fruto medonho.

A única maneira de fazer um trabalho bom em si mesmo e, assim, torná-lo bom para a humanidade, é mantendo os olhos voltados para a integridade da obra. Essa é apenas outra forma de dizer que a obra deve ser medida segundo o padrão da eternidade, ou que deve ser realizada em primeiro lugar para Deus, ou que a Energia deve se manifestar fielmente à Ideia, ou, em termos teológicos, que o Filho faça cumprir a vontade do Pai.

---

[8] Ver capítulo 9.

APÊNDICE

(Para simples referência)

Trechos relevantes [para este trabalho] do credo apostólico, do credo niceno e do Quicunque Vult (comumente chamado de credo atanasiano).

1. *Credo apostólico*
Creio em Deus Pai, todo-poderoso, Criador do céu e da terra; e em Jesus Cristo, seu único Filho, Nosso Senhor; que foi concebido pelo poder do Espírito Santo. [...] Creio no Espírito Santo.

2. *Credo niceno*
Creio em um só Deus, Pai todo-poderoso, Criador do céu e da terra, de todas as coisas visíveis e invisíveis. Creio em um só Senhor, Jesus Cristo, Filho Unigênito de Deus, nascido do Pai antes de todos os séculos: Luz da Luz, Deus verdadeiro de Deus verdadeiro, gerado não criado, consubstancial ao Pai. Por Ele todas as coisas foram feitas. E, por nós, homens, e para a nossa salvação, desceu dos céus: e encarnou pelo Espírito Santo, no seio da Virgem Maria, e se fez homem. [...] Creio no Espírito Santo, Senhor que dá a vida, e procede do Pai; e com o Pai e o Filho é adorado e glorificado: Ele que falou pelos profetas. [...]

3. *Quicunque Vult* (ou *Credo atanasiano*)
E a fé católica consiste em venerar um só Deus na Trindade e a Trindade na unidade, sem confundir as pessoas e sem dividir a substância.
Pois uma é a pessoa do Pai, outra a do Filho, outra a do Espírito Santo; mas uma só é a divindade do Pai e do Filho e do Espírito Santo, igual à glória, coeterna a majestade.
Qual o Pai, tal o Filho, tal também o Espírito Santo. Incriado é o Pai, incriado é o Filho, incriado o Espírito Santo. Imenso é o Pai, imenso o Filho, imenso o Espírito Santo. Eterno o Pai, eterno o Filho, eterno o Espírito

Santo; contudo, não são três eternos, mas um único eterno; como não há três incriados, nem três imensos, porém um só incriado e um só imenso. Da mesma forma, o Pai é onipotente, o Filho é onipotente, o Espírito Santo é onipotente; contudo, não há três onipotentes, mas um só onipotente. Assim, o Pai é Deus, o Filho é Deus, o Espírito Santo é Deus; e todavia não há três Deuses, porém um único Deus. Como o Pai é Senhor, assim o Filho é Senhor, o Espírito Santo é Senhor; entretanto, não são três Senhores, porém um só Senhor. Porque, assim como pela verdade cristã somos obrigados a confessar que cada pessoa, tomada em separado, é Deus e Senhor, assim também estamos proibidos pela religião católica de dizer que são três Deuses ou três Senhores. O Pai por ninguém foi feito, nem criado, nem gerado. O Filho é só do Pai; não feito, nem criado, mas gerado. O Espírito Santo é do Pai e do Filho; não feito, nem criado, nem gerado, mas procedente. Há, portanto, um único Pai, não três Pais; um único Filho, não três Filhos; um único Espírito Santo, não três Espíritos Santos. E nesta Trindade nada é anterior ou posterior, nada maior ou menor; porém todas as três pessoas são coeternas e iguais entre si; de modo que em tudo, conforme já ficou dito acima, deve ser venerada a Trindade na unidade e a unidade na Trindade. Portanto, quem quer salvar-se, deve pensar assim a respeito da Trindade. Mas para a salvação eterna também é necessário crer fielmente na encarnação de nosso Senhor Jesus Cristo. A fé verdadeira, por conseguinte, é crermos e confessarmos que nosso Senhor Jesus Cristo, Filho de Deus, é Deus e homem. É Deus, gerado da substância do Pai antes dos séculos, e é homem, nascido, no mundo, da substância da mãe. Deus perfeito, homem perfeito, subsistindo de alma racional e carne humana. Igual ao Pai segundo a divindade, menor que o Pai segundo a humanidade. Ainda que é Deus e homem, todavia não há dois, porém um só Cristo.

[...]

Você também poderá interessar-se por:

A POMBA ESCURA
EUGENE WEBB
O Sagrado e o Secular na Literatura Moderna

O sagrado exerce uma enorme força na vida humana e é na literatura imaginativa, mais do que nos tratados filosóficos, que ele encontra a melhor expressão. Neste livro, Eugene Webb estuda a presença do sagrado nas obras de Ibsen, Beckett, Rilke, Joyce, Thomas Mann e T. S. Eliot, entre outros. Segundo ele, é a esse tipo de autor que devemos a possível profundidade de nossas vidas.

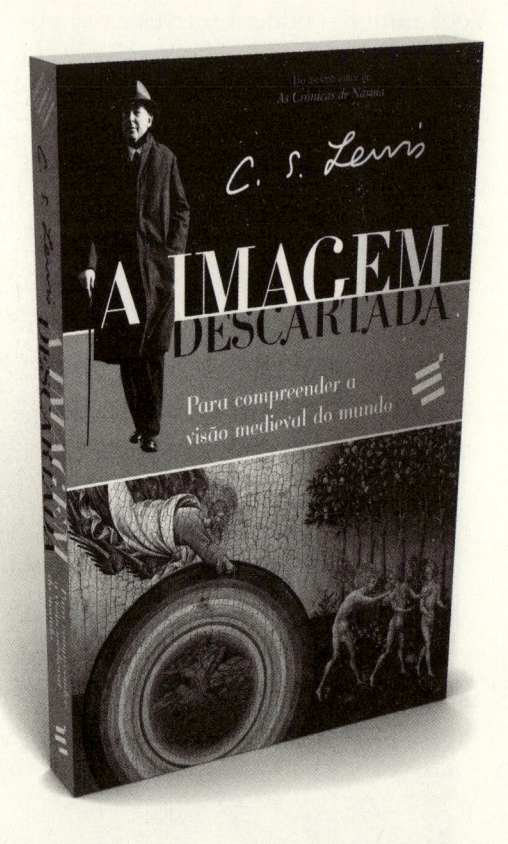

Uma reunião de conferências proferidas por C. S. Lewis na Universidade de Oxford. Trata-se de uma obra de suma importância para aqueles que pretendem compreender o imaginário medieval – e assim aprofundar-se no estudo da literatura, da filosofia ou mesmo da história da Idade Média –, mas também para aqueles que desejam conhecer as fontes, os métodos e o Modelo por trás da ficção do próprio C. S. Lewis.

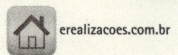

facebook.com/erealizacoeseditora   twitter.com/erealizacoes   instagram.com/erealizacoes   youtube.com/editorae

issuu.com/editora_e   erealizacoes.com.br   atendimento@erealizacoes.com.br